EINFÜHRUNG IN DIE
CHINESISCHE SCHRIFT

EINFÜHRUNG IN DIE CHINESISCHE SCHRIFT

Die gebräuchlichsten Schriftzeichen

von
Philippe Kantor

Deutsche Übersetzung und Bearbeitung von
Susanne Gagneur und Frank Petzold

Kalligraphie von Huang Zun

Originaltitel der deutschen Ausgabe:
DIE CHINESISCHE SCHRIFT

Genehmigte Lizenzausgabe für
Nikol Verlagsgesellschaft mbH & Co. KG,
Hamburg 2010

© 1994 Assimil Verlag GmbH, Nörvenich

Alle Rechte, auch das der fotomechanischen Wiedergabe
(einschließlich Fotokopie) oder der Speicherung auf
elektronischen Systemen, vorbehalten.
All rights reserved.

Titelabbildung: istockphoto.com
Covergestaltung: Thomas Jarzina, Holzkirchen
Printed in the Czech Republic
ISBN: 978-3-86820-063-8

www.nikol-verlag.de

INHALT

EINLEITUNG VII

VORWORT IX

EINFÜHRUNG IN DIE
CHINESISCHE SCHRIFT IX

   GRUNDKOMPONENTEN XI

   SCHREIBÜBUNGEN GRUNDSTRICHE . . . XIII

   SCHREIBREGELN
   UND KONVENTIONEN XV

   DIE RADIKALE XXI

   DIE VERSCHIEDENEN SCHREIBSTILE . . XXIII

SCHREIBÜBUNGEN XXVII

ZUSAMMENSETZUNG DER
GEBRÄUCHLICHSTEN SCHRIFTZEICHEN . . . 1

WORTSCHATZVERZEICHNIS 241

LISTE DER TRADITIONELLEN RADIKALE . . . 273

LITERATURHINWEISE 288

VI

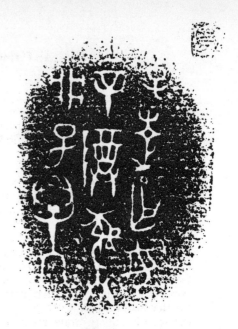

西周銅器銘文

子㲃作（作）母
辛蹲（尊）彜
𠂤兄🦌

Jīnwén-Schrift auf Bronze

EINLEITUNG

Das vorliegende Buch gibt Ihnen eine Einführung in die chinesische Schrift. Es enthält ca. 800 der gebräuchlichsten Schriftzeichen der modernen chinesischen Sprache.

Die Schriftzeichen stammen aus den 105 Lektionen des ASSIMIL-Kurses für Selbstlerner „Chinesisch ohne Mühe". Das vorliegende Buch wurde so konzipiert, dass Sie damit lernen können, auch ohne den ASSIMIL-Kurs durchgearbeitet zu haben: Alles, was Sie benötigen, ist kariertes Papier und ein geeignetes Schreibinstrument. Die Erläuterungen sind so verfasst, dass sie den Bedürfnissen einer möglichst großen Zahl von Lesern gerecht werden, d.h. auch denen, die Chinesisch nicht mit der ASSIMIL-Methode gelernt haben sowie denen, die sich lediglich gerne etwas eingehender mit dem Thema Kalligraphie beschäftigen möchten, ohne dabei die chinesische Sprache im Detail erlernen zu wollen.

Wir hoffen, dass wir Ihnen mit Hilfe der in diesem Buch zusammengestellten Materialien ein wenig die Welt der chinesischen Kalligraphie, ihre Geschichte, ihre Entwicklung und ihre aktuelle Bedeutung erschließen und Sie selbst zu einem kleinen „Kalligraphiekünstler" machen können.

Im Verzeichnis aller gelernten Schriftzeichen am Ende des Buches ist bei jedem Zeichen die Lektion angegeben, in der es zum ersten Mal auftaucht.

Acht Kalligraphie-Beispiele für das Zeichen **dōng** ("Osten"), geschrieben von den beiden berühmten Kalligraphen *Wang Xizhi* (6. Jhd. n. Chr.) und *Su Dongpo* (11. Jhd. n. Chr.).

VORWORT

Lesen Sie, bevor Sie sich an die ersten Übungen begeben, die im Folgenden aufgeführte „Einführung in die chinesische Schrift" durch, um sich einen Überblick über das Grundkonzept des chinesischen Schriftsystems zu verschaffen.

EINFÜHRUNG IN DIE CHINESISCHE SCHRIFT

Wenn Sie nicht nur das *Lesen,* sondern auch das *Schreiben* der chinesischen Zeichen lernen und dabei die phonetische Umschrift so wenig wie möglich benutzen wollen, dann fehlt Ihnen jetzt nur noch Kästchenpapier und ein feiner Stift – und es kann losgehen!

***

Vielleicht wissen Sie bereits, dass sich die chinesische Schrift aus einzelnen Zeichen, den „Ideogrammen", zusammensetzt. Jedes Ideogramm wiederum besteht aus einem oder mehreren Elementen, die in einem Quadrat von stets der gleichen Größe angeordnet werden. Jedes Ideogramm entspricht immer einer Silbe in der gesprochenen Sprache. Wenn Sie also zwei Silben darstellen wollen, dann müssen Sie dafür auch zwei Ideogramme schreiben. Alle „Silben" bzw. alle Ideogramme werden hintereinander in einzelne Kästchen bzw. Quadrate geschrieben.

Die chinesische Schrift ist bereits über 3000 Jahre alt. Ursprünglich wurden die Schriftzeichen auf Schildkrötenpanzern oder Knochen eingeritzt. Das ist auch der Grund, warum in dieser Zeit die Zeichen alle ziemlich eckig waren. Seitdem ist die Schrift ständig weiter vereinfacht worden. Im Jahr 1956 wurde in der Volksrepublik China eine allgemeine Schriftreform durchgeführt, in deren Verlauf die Anzahl der Striche für die am häufigsten benutzten Zeichen erheblich reduziert wurde. Aus den „Langzeichen" wurden die sogenannten „Kurzzeichen", und diese benutzen wir hier in diesem Buch.

GRUNDKOMPONENTEN

Die verschiedenen Striche, die die Grundkomponenten der chinesischen Schriftzeichen bilden, lassen sich in acht Gruppen einteilen:

Strich	Beispiele
Punkt ` 丶 `	法雨汉六书
Horizontaler Strich ` 一 `	一二三工大于天
Vertikaler Strich ` 丨 `	十五干工上下
Aufstrich ` ノ `	法冰我北地
Auslaufender Bogen nach links ` 丿 `	人入六文八大刀
Auslaufender Bogen nach rechts ` `	人入六文八大长
Einfacher Haken ` 乛 丨 丶 亅 乚 `	你小民我象儿
Doppelter Haken ` 与 乁 亅 ろ ろ ㇇ `	马飞力反字说

Anmerkung: Horizontale Striche werden immer von links nach rechts, vertikale immer von oben nach unten geschrieben.

Wichtig: Der Aufstrich unterscheidet sich vom Bogen nach links nur durch die Strichrichtung!

Die oben genannten Striche können zu zusammengesetzten Strichen kombiniert werden:

Ein vertikaler Strich ｜ , verbunden mit einem horizontalen Strich ― ergibt ∟ , wie im Zeichen 凵 . Ein horizontaler Strich ― und ein Bogen nach links ╱ ergeben ⌐ , wie im Zeichen 汉 usw.

Außerdem sind beispielsweise folgende Strichkombinationen möglich:

horizontal + vertikel   ― + ｜ = ⌐

vertikal + horizontal   ｜ + ― = ∟

horizontal + Bogen nach links   ― + ╱ = ⌐

Bogen nach links + Aufstrich   ╱ + ╱ = ⟋

Aufstrich + vertikal + Haken   ― + ｜ = ⌐

Bogen nach links + Bogen nach rechts   ╱ + ╲ = ⟨

Schreibübungen

Schreiben Sie auf dieser Seite in die Kästchen jeder Reihe den vorne angegebenen Strich. Nehmen Sie, wenn die Kästchen voll sind, kariertes Papier zur Hand und üben Sie jeden Strich noch fünf- oder sechsmal. (Die in den Reihen 4 und 5 gezeigten **Pfeile** verdeutlichen lediglich die Strich**richtung**; sie sind nicht Teil des Strichs.)

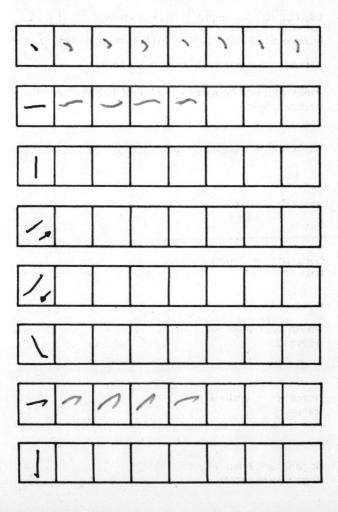

Schreibübung
Verfahren Sie hier wie auf der vorhergehenden Seite beschrieben.

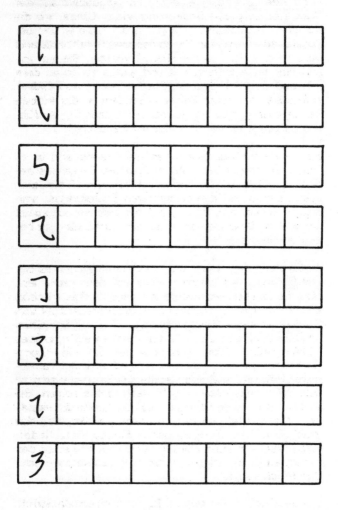

* * * * *

SCHREIBREGELN UND KONVENTIONEN

Der meisterhafte Umgang mit Tusche und Pinsel, die Kunst des "Schönschreibens", hat nirgendwo auf der Welt eine so große Bedeutung wie in China, wo die Kalligraphie auch immer eng mit der Malerei und der Poesie verbunden war. Die chinesische Schrift entstand im 2. Jhd. v. Chr. in der Shang-Dynastie. Sie war zuerst eine reine Bilderschrift und wurde zwischen dem 14. und dem 11. Jhd. v. Chr. stilisiert. Aus Bildern erwuchsen abstrakte Zeichen. Seitdem ist der Aufbau der Zeichen genau festgelegt, nicht aber die Ausführung, denn jeder hat eine eigene "Handschrift".

Bis zur Herausbildung einer eigenen Handschrift ist es jedoch ein langer Weg. Wenn man wie Sie gerade beginnt, chinesische Zeichen zu schreiben, muß man sich zuerst einmal mit den elementaren Schreibregeln vertraut machen, d.h. lernen, wie ein Zeichen aufgebaut ist, welche Besonderheiten bei der Ausführung zu beachten sind, etc.

Jedes Zeichen, gleich aus wievielen Strichen es besteht, nimmt den gleichen Platz auf dem Papier ein. Manche Zeichen bestehen aus zwei oder drei, manche aus 20 und mehr Strichen. Die höchste Anzahl von Strichen in einem Zeichen beträgt 37. Beim Schreiben ist darauf zu achten, daß das Zeichen ein gewisses "Gleichgewicht" hat. Das bedeutet, daß die Proportionen der einzelnen Bestandteile miteinander harmonieren müssen. Außerdem sollte das Zeichen weder zu sehr nach links noch zu sehr nach rechts neigen. Bei Zeichen mit vielen Strichen muß die Größe der einzelnen Bestandteile soweit reduziert werden, daß das Zeichen auf der vorgegebenen Fläche Platz findet. Andererseits müssen Zeichen mit wenigen Strichen den gesamten Raum belegen, auch, wenn es nur zwei oder drei Striche sind.

Bestimmte Bestandteile, z.B. der horizontale Strich, werden nicht bei jedem Zeichen gleich geschrieben, sondern ihre Ausführung variiert je nach Größe und Position innerhalb des Zeichens. Sie werden merken, daß sich die in diesem Kapitel genannten Grundregeln und Ratschläge beim Schreiben der Zeichen als hilfreich erweisen und es Ihnen ermöglichen, die Zeichen, wenn auch zuerst nicht "schön", so doch zumindest richtig zu schreiben.

Eine "schöne" Schrift stellt sich, auch bei den meisten Chinesen, erst nach jahrelanger Praxis ein. Im alten China war die Kalligraphie eine nur von Beamten gepflegte Kunstform, in der sich mit den Jahren eine Vielzahl von Zeit-, Schul- und Individualstilen herausbildete. Noch heute reflektiert die Qualität der Schrift bis zu einem gewissen Grad die soziale Stellung des Schreibenden. Letztlich lassen Bewegung, Rhythmus, Ausgewogenheit und Dynamik erkennen, ob ein Zeichen von geschulter Hand geschrieben wurde.

Sie beginnen nun, indem Sie einen Füller oder einen weichen Bleistift zur Hand nehmen und versuchen, die im Buch gezeigten Zeichen akkurat und ohne Schnörkel zu kopieren. Der Kalligraphie, also der eigentlichen "Schönschrift", können Sie sich später immer noch eingehender widmen.

Hinsichtlich der Strichfolge gelten die hier aufgeführten Regeln:

1. Horizontale Striche werden immer vor vertikalen geschrieben, es sei denn, der horizontale Strich ist der letzte Strich am unteren Rand eines Zeichens.
2. Der Bogen nach links wird vor dem Bogen nach rechts geschrieben.
3. Übereinanderliegende Teile werden von oben nach unten geschrieben.
4. Teile auf der linken Seite werden vor denen auf der rechten Seite geschrieben.
5. Es wird von außen nach innen geschrieben, d.h. zuerst der Rahmen, dann die darin liegenden Teile.
6. Bei bestimmten, aus drei Teilen bestehenden Zeichen wird zuerst das Mittelteil, dann der linke und dann der rechte Teil geschrieben.

7. Bei geschlossenen Rahmen werden zuerst zwei Striche und dann der Innenteil geschrieben, anschliessend wird der Rahmen geschlossen.
8. Bei bestimmten Zeichen, die einen Punkt enthalten, wird dieser zuletzt geschrieben.

Diese Regeln wollen wir in der folgenden Tabelle anhand einiger Beispiele noch einmal verdeutlichen:

Schreibregeln zur Strichfolge

Regel	Beispielzeichen	Strichfolge
1. horizontal vor vertikal	十	一 十
	天	一 二 天 天
2. Bogen nach links vor Bogen nach rechts	八	丿 八
	文	亠 ナ 文
3. von oben nach unten	豆	一 豆 豆 豆
	兰	⺌ ⺌ ⺌ 兰
4. von links nach rechts	明	日 明
	地	土 地
5. von außen nach innen	问	门 问
	风	几 风

XVIII

6. Mitte, dann links, 小　丿 小 小
   dann rechts
   　　　　　　 木　一 十 才 木

7. Rahmen, Mitte, 国　丨 冂 囯 国
   Rahmen schließen
   　　　　　　 回　丨 冂 回 回

8. Punkt zuletzt 书　㇇ ㇉ 书 书

   　　　　　　 发　㇄ 丯 发 发

Mit der Zeit lernen Sie, je nach Aufbau und Zusammensetzung eines Zeichens die jeweils passende Schreibregel anzuwenden. Mit der Zeit werden Sie merken, daß sich die meisten Elemente oft wiederholen.
Im folgenden haben wir die acht oben beschriebenen Regeln noch einmal graphisch dargestellt.

Graphische Anordnung von Zeichenbestandteilen

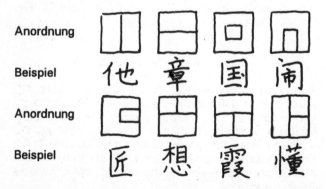

Ein Tip: Daß in der festgelegten Strichfolge ein besonderer Sinn liegt, können Sie feststellen, wenn Sie die Zeichen zuerst einmal mit großen Bewegungen in die Luft schreiben. Dabei wird Ihnen auffallen, daß die meisten Zeichen so aufgebaut sind, daß ein Strich oft ganz natürlich und mühelos in den anderen übergeht. Besonders gut läßt sich dies z.B. mit dem Zeichen *wǒ* "ich" demonstrieren. Versuchen Sie es bei Gelegenheit einmal!

* * * * *

In China ist das Papier, das für Schreibübungen benutzt wird, in ca. 1 x 1 cm große Kästchen unterteilt. In jedes Kästchen wird ein Zeichen geschrieben. Am Beginn jedes Absatzes werden die ersten beiden Kästchen als "Einzug" leer gelassen.

Am Ende eines Satzes wird anstelle eines Schlußpunktes ein kleiner Kringel geschrieben.

Während früher in Zeitungen und anderen Veröffentlichungen von oben nach unten, also in Spalten, geschrieben (und von rechts nach links gelesen) wurde, wird in modernen Publikationen vorwiegend von links nach rechts geschrieben. In Tageszeitungen werden diese beiden Schreibweisen häufig kombiniert, um den Platz besser auszunutzen und das Gesamtbild ein wenig aufzulockern.

Zeichen mit großer Ähnlichkeit

Bestimmte Schriftzeichen ähneln sich sehr stark. Oft unterscheiden sie sich nur durch einen einzigen Strich. Manchmal haben sie auch die gleiche Strichzahl, lediglich die Anordnung der Striche variiert geringfügig. Daher ist es sehr wichtig, darauf zu achten, wo ein Strich beginnt und wo er aufhört. Ein zu langer (oder zu kurzer) Strich kann unter Umständen ein völlig anderes Zeichen ergeben!

Als Beispiel dafür sollen die folgenden Zeichen dienen. Sehen Sie sie sich genau an!

Beispiele für Schriftzeichen mit großer Ähnlichkeit

大 groß	太 zu sehr	天 Himmel
干 machen	千 tausend	十 zehn
八 acht	人 Mensch Mann	入 hineingehen
边 Seite	力 Kraft	刀 Messer
小 klein	少 wenig	
早 früh	旱 trocken	
住 wohnen	往 entgegen	佳 schön
白 weiß	百 hundert	
木 Holz	本 Wurzel	不 nicht

DIE RADIKALE

Jedes Schriftzeichen ist einem bestimmten Radikal zugeordnet. Radikale sind, in Verbindung mit einem phonetischen Teil, der Bedeutungsträger jedes Zeichens.

Auch beim Schreiben von Zeichen sind Radikale eine gute Gedächtnisstütze, denn sie erleichtern es, Zeichen in ihre Bestandteile zu zerlegen. Z.B. setzt sich das Zeichen 李 *lí* "Birne" aus den Zeichen 木 *mù* "Holz" und 子 *zǐ* "Kind" zusammen. Das Zeichen 访 *fǎng* besteht z.B. aus dem aussprachebestimmenden Teil *fāng* und dem Radikal "Sprache" 讠.

In jedem Zeichen hat der Radikal eine feste Position. Häufig befindet er sich im oberen Teil ("Dach" 宀, "Gras" 艹, "Kralle" 爫) oder im linken Teil ("Hand" 扌, "Sprache" 讠, "Kleidung" 衤 etc.) des Zeichens, gelegentlich auch an anderen Stellen, z.B. "Messer" 刂 im rechten Teil, "Herz" 心 im unteren Teil; "Erde" 土 kann an verschiedenen Stellen stehen.

Wichtig: Der Radikal ist nicht immer der Bestandteil, der zuerst geschrieben wird! Wenn Sie ein Zeichen, dessen Aussprache Sie nicht kennen, im Wörterbuch nachschlagen möchten, kann es vorkommen, daß Sie sehr lange brauchen, um den Radikal zu finden, weil Sie möglicherweise zuerst einen anderen Bestandteil für den Radikal halten.

Sehen Sie sich deshalb die Liste der Radikale am Ende des Buches genau an. Versuchen Sie, sich die häufigsten Radikale gut einzuprägen und schlagen Sie bei jedem neuen Zeichen, das Sie lernen, sofort die Bedeutung des Radikals nach. Beachten Sie auch, daß es von einigen Radikalen "vereinfachte" Formen gibt. Insgesamt 49 der 214 Radikale können unterschiedlich geschrieben werden. In den heutigen Wörterbüchern sind diese vereinfachten Formen z.T. selbständige Radikale geworden, so daß die Zahl der Radikale von 214 auf 227 gestiegen ist. Chinesische Wörterbücher sind meistens nach **Pinyin-Umschrift** geordnet. Bei Zeichen, deren Aussprache Sie nicht kennen, müssen Sie den Radikal des Zeichens suchen und vorne im Wörterbuch in einer Liste nachschlagen, in der die Radikale nach Strichanzahl geordnet sind. Für jeden Radikal gibt es eine Unterrubrik, in der wiederum alle Zeichen, die diesen Radikal haben, nach der Anzahl ihrer übrigen Striche geordnet, aufgeführt sind.

Wichtig ist daher, aus wievielen Strichen das Zeichen **außer** dem Radikal noch besteht. Sie finden also 说 *shuō* "sprechen" unter dem Radikal "Sprache" 讠 bei den Zeichen, die außerdem noch aus 7 weiteren Strichen bestehen. *guó* 国 "Land" befindet sich unter dem Radikal 囗 bei den Zeichen, die außerdem noch aus 5 Strichen bestehen.

All das soll Ihnen vor Augen halten, wie wichtig es ist, beim Lernen besonders auf die Radikale zu achten, die Grundbestandteile jedes Zeichens zu kennen und beim Schreiben die exakte Strichfolge einzuhalten.

WICHTIGER HINWEIS: Dieser Schriftband stützt sich auf die Radikaleinteilung des "Neuen Chinesisch-Deutschen Wörterbuchs" (Beijing 1985). Dieses Wörterbuch gilt in Deutschland als Standardwerk für Sinologen und Chinesisch-Studenten. In anderen Wörterbüchern wird z.T. noch die klassische Radikaleinteilung aus der Zeit vor der Schriftreform verwendet. Das bedeutet, daß einige Zeichen nicht den hier gezeigten, sondern anderen Radikalen zugeordnet sind. Es gibt auch Wörterbücher, die *beiden* Radikalsystemen gerecht werden und in denen ein Zeichen unter *mehreren* Radikalen zu finden ist.

DIE VERSCHIEDENEN SCHREIBSTILE

Die chinesische Schrift hat seit Ihrer Entstehung einen ständigen Wandel durchgemacht. Sie entwickelte sich von einer reinen Bilderschrift über piktographische Darstellungen bis hin zum heutigen kodierten Schriftsystem. Daß sich die Bedeutung der Schrift bis heute nicht geändert hat, zeigt u.a. die Tatsache, daß der Name einer großen chinesischen Tageszeitung in der Handschrift *Mao Zedongs* wiedergegeben ist.

Es folgt ein kurzer Überblick über die verschiedenen Schreibstile, wobei sich die einzelnen Stilphasen z.T. überlappen (siehe dazu auch Tabelle auf Seite XXV):

* *Jiǎgǔwén* (Spalte 1) - Orakelknocheninschrift der Shang-Dynastie (ca. 1500-1066 v.Chr.). Die Zeichen wurden auf Schildkrötenpanzern oder Knochen eingeritzt.

* *Jīnwén* (Spalte 2) - Inschriften auf Bronze aus der Zeit der Zhou-Dynastie (1122-255 v.Chr.).

* *Zhuànshū* (Spalte 3) - Siegelschrift (800 v.Chr.). Sie wird noch heute bei der Anfertigung von Siegeln oder Stempeln benutzt.

* *Xiǎozhuàn* - In der Qin-Dynastie (221-207 v.Chr.) eingeführte vereinfachte Zeichenschrift.

* *Lìshū* (Spalte 4) - Von der *Xiǎozhuàn*-Schrift abgeleitete, vereinfachte Kanzleischrift, die in der Han-Dynastie (220-206 v.Chr.) gebräuchlich war.

* *Kǎishū* (Spalte 5) - Normal- oder Modellschrift. Sie entstand etwa im 3. Jhd. nach Chr. Diese Schrift wird noch heute in China verwendet und in den Schulen gelehrt.

* *Cǎoshū* (Spalte 6) - Gras- oder Konzeptschrift. Eine kursorische Schnellschrift, bei der es weniger auf die Lesbarkeit als auf den Stil der Pinselführung ankommt.

* *Xíngshū* (Spalte 7) - Kursivschrift. Eine weitgehend vereinheitlichte Schreibschrift bzw. fließende Handschrift.

Im Jahr 1956 wurde in der VR China ein vorläufiges Programm vereinfachter Schriftzeichen eingeführt, bei denen die Strichanzahl z.T. erheblich reduziert wurde (Spalte 8). Diese "Kurzzeichen" waren in den 50er Jahren nur ein Teil eines umfassenden Versuchs zur Vereinfachung und Vereinheitlichung des chinesischen Sprach- und Schriftsystems.

Von Taiwan wurde die Schriftreform strikt abgelehnt, da man dort die "uralte chinesische Tradition erhalten" wollte. Die Chinesen auf Taiwan, in Hongkong und in Übersee benutzen noch immer die sog. "Langzeichen", also die nicht vereinfachten Zeichen. Für diejenigen unter Ihnen, die ebenfalls die Langzeichen lernen möchten, ist aus diesem Grund im Hauptteil des Buches bei den Zeichen, für die ein Langzeichen existiert, dieses jeweils am Ende der Zeile abgebildet.

Es ist interessant zu verfolgen, wie leicht ein Chinese, der noch die klassische, nicht gekürzte Schrift gelernt hat, jahrtausendealte Inschriften problemlos entziffern kann. Welche besondere Bedeutung die Schrift für die Chinesen hat, wird deutlich, wenn man einen Chinesen z.B. nach einer Straße fragt und ihm den Straßennamen in handgeschriebenen Zeichen zeigt: Er wird zuerst einmal in Ruhe und mit großem Interesse die Handschrift betrachten und sie loben, bevor er die gewünschte Auskunft gibt.

* * * * *

Die Entwicklung der chinesischen Schrift: Die Schriftstile

Die folgende Tabelle verdeutlicht die Entwicklung der Schrift anhand der Zeichen Sonne, Mond, Mensch, Auge, Wagen, Pferd, über, unter, nach, Schneide.

1	2	3	4	5	6	7	8
jiǎgǔwén	jīnwén	zhuànshū	lìshū	kǎishū	cǎoshū	xíngshū	vereinf. kǎishū
⊖	⊙	日	日	日	日	日	日
☽	☽	月	月	月	月	月	月
𠆢	𠆢	人	人	人	人	人	人
⦿	⦿	目	目	目	目	目	目
車	車	車	東	車	车	車	车
馬	馬	馬	馬	馬	马	馬	马
=	二	上	上	上	上	上	上
=	=	丁	下	下	下	下	下
至	至	至	至	至	至	至	至
匕	刀	刃	刃	刃	刃	刃	刃

Hinweise zu den Schreibübungen

Nehmen Sie einen Füller oder einen weichen Bleistift und kariertes Papier zur Hand. Schreiben Sie jedes Zeichen in ein Quadrat aus vier Kästchen. Sie können auch mit einem Lineal jede zweite Linie des Papiers horizontal und vertikal mit einem Stift nachziehen, um eine deutlichere und übersichtlichere Einteilung vorzunehmen, ähnlich wie in dem auf den Seiten XXVIII und XXXI gezeigten Muster.

Falls es Ihnen hilft, können Sie jedes Zeichen zuvor einige Male mit großen Bewegungen in die Luft "malen". Schreiben Sie jedes Zeichen mindestens zehnmal und halten Sie immer die vorgegebene Strichfolge ein. Sprechen Sie dabei das Zeichen mehrfach laut aus und prägen Sie sich auch die Bedeutung ein. Auf diese Weise lernen Sie gleichzeitig Aussprache, Schreibweise und Bedeutung. Begutachten Sie Ihre Versuche, indem Sie sie mit der Vorlage vergleichen und versuchen Sie herauszufinden, wo Ihnen Fehler unterlaufen sind. Wiederholen Sie dann Ihre Schreibversuche so lange, bis Sie mit dem Resultat zufrieden sind.

Die Liste der Schriftzeichen im Hauptteil dieses Buches ist folgendermaßen aufgebaut: Ganz links steht das betreffende Schriftzeichen, rechts davon die Aussprache, in der nächsten Spalte die Bedeutung. Daneben sind der Radikal des Schriftzeichens und seine Bedeutung angegeben. (Ganz wenige Radikale haben keine festgelegte Aussprache und Bedeutung. Es handelt sich um die Radikale, die nicht zu den 214 traditionellen Radikalen gehören, sondern um solche, die im Zuge der Schriftreform und der damit einhergehenden Umstellung des Radikalsystems zu Radikalen geworden sind. Diese Radikale lassen meistens keinen Bedeutungsbezug mehr zu. Vgl. auch Seite XXII.) Auf jeder rechten Seite finden Sie die Strichfolge für das Zeichen (wichtig für Ihre Schreibübungen!). Ganz rechts ist für einige Zeichen das Langzeichen abgebildet.

So, und jetzt bleibt uns nur noch, Ihnen viel Spaß und Erfolg beim Üben zu wünschen!

SCHREIBÜBUNGEN

Bitte beachten Sie:

1. Es kann mitunter vorkommen, daß einige der gedruckten Schriftzeichen sich geringfügig von der handgeschriebenen Version unterscheiden. Hierbei handelt es sich um typographische Varianten. Wir empfehlen Ihnen, sich an die geschriebene Version zu halten, da diese gebräuchlicher ist.

2. Die meisten Zeichen haben mehrere, oft sehr unterschiedliche Bedeutungen. Es würde zu weit führen, all diese Bedeutungen hier aufzulisten. Wir geben daher jeweils nur die Bedeutung an, unter der Sie das Zeichen kennengelernt haben. Es kann jedoch auch vorkommen, daß sich die Bedeutung eines Zeichens, isoliert betrachtet, grundlegend von der Bedeutung unterscheidet, die sich durch die Kombination dieses Zeichen mit anderen Zeichen ergibt.

Muster für Schreibübungen

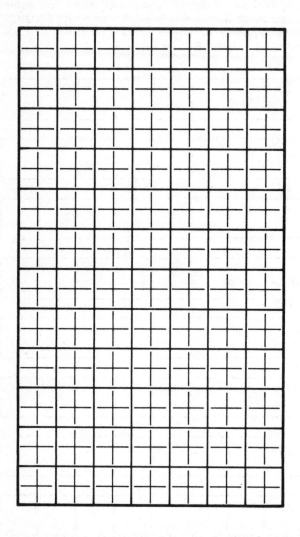

XXIX

Vorübung

Schreiben Sie in die Kästchen jeder Reihe den vorne angegebenen Strich. (Die in den Reihen 4 und 5 gezeigten **Pfeile** verdeutlichen lediglich die Strich**richtung**; sie sind nicht Teil des Strichs.)

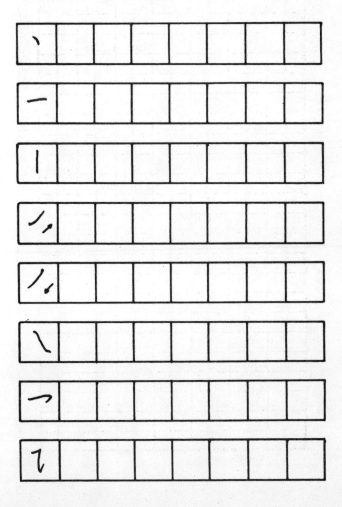

Vorübung

Schreiben Sie in die Kästchen jeder Reihe das angegebene Schriftzeichen.

大							

小							

人							

你							

女							

子							

口							

不							

RAUM FÜR EIGENE ÜBUNGEN

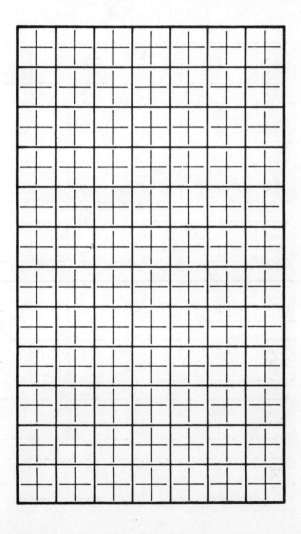

ZUSAMMENSETZUNG DER SCHRIFTZEICHEN

LEKTION 1

Zeichen	Aussprache	Bedeutung	Radikal	Bedeutung
你	nǐ	du, dir, dich	亻	Mensch
好	hǎo	gut	女	Frau
饿	è	Hunger, hungrig	饣	essen
吗	ma	(Fragepartikel)	口	Mund
我	wǒ	ich, mir, mich	戈	Hellebarde
不	bù	nicht	一	eins
累	lèi	müde	田	Feld
走	zǒu	(weg)gehen	走	marschieren

Strichfolge

丿 亻 伫 伫 你 你
𡿨 ㄨ 女 奵 奵 好
丿 𠂊 ⺈ 饣 饣 饣 饦
饿 饿 饿 餓
丶 冂 口 叮 吗 吗 嗎
丿 二 千 手 我 我 我
一 丆 不 不
丶 冂 日 田 田 里 里
里 罘 罘 累
一 十 土 卡 卡 走 走

Lektion 1

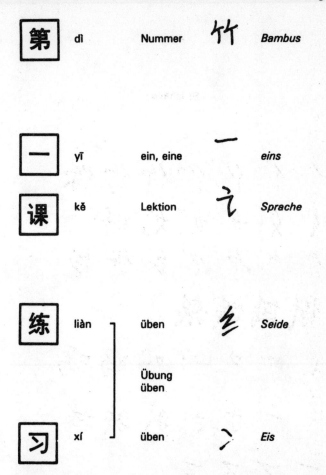

Übung 1: Kopieren Sie die gezeigte Zusammensetzung jedes Zeichens fünfmal.

Übung 2: Schreiben Sie jedes Zeichen zehnmal.

丿 ┌ ㇒ ㇒丨 ㇒丨丶 竹 竺

笋 笃 第 第

一

丶 言 订 识 识 误

评 课 课 課

㇒ 纟 纟 纡 纴 练 练

練 練

㇆ 习 习 習

Hinweis: Bei vereinfachten Zeichen wird am Ende der Zeile die klassische, nicht vereinfachte Version ("Langzeichen") abgebildet.

Lektion 1

LEKTION 2

要	yào	wollen, möchten		女	Frau
饭	fàn	Essen, Reis		饣	essen
汤	tāng	Suppe		氵	Wasser
菜	cài	Gemüse		艹	Gras
什	shén	welcher, -e, es?; was?		亻	Mensch
么	me			丿	Teil
面	miàn	Mehl, Nudeln		一	eins

一 丆 冋 㢅 西 西

要 要 要

丿 ㇆ 饣 饣 饣 饭 饭 飯

丶 冫 氵 汚 汤 汤　　　湯

一 艹 艹 艹 艹 艹 芯 荥
荥 莩 莩 菜

丿 亻 仁 什　　　　　甚

丿 幺 么　　　　　　　麿
一 丁 丆 丙 而 而 面
面 面　　　　　　面 麵

Lektion 2

包	bāo	Paket	勹	*Messer*
二	èr	zwei	一	*eins*

Übung 1: Kopieren Sie die gezeigte Zusammensetzung jedes Zeichens fünfmal.
Übung 2: Schreiben Sie jedes Zeichen zehnmal.

••

LEKTION 3

买	mǎi	kaufen	一	*Sichel*
书	shū	Buch	丨	*Stock*
笔	bǐ	Stift	竹	*Bambus*
报	bào	Zeitung	扌	*Hand*
也	yě	auch	一	*Sichel*

丿 勹 勽 勾 包

一 二

Hinweis: Achten Sie beim Radikal "Wasser" darauf, daß Sie den untersten Strich in der richtigen Richtung, d.h. von unten nach oben, ausführen.

•••

フ マ 买 三 买 买　　買

フ ヲ 书 书　　　　　書

丿 ト ㇏ ㇏丿 ㇏ト ㇏㇉ ㇏㇉
竺 竺 笔　　　　　筆

一 十 扌 扌 扌 扌 报 报 報

フ 力 也

Lektion 3

那	nà	dann, also	阝	*Stadt*
裤	kù	Hose	衤	*Kleidung*
子	zi	(Suffix)	子	*Sohn*
三	sān	drei	一	*eins*

Übung 1: Kopieren Sie die gezeigte Zusammensetzung jedes Zeichens fünfmal.
Übung 2: Schreiben Sie jedes Zeichen zehnmal.

Hinweis: Bei 那 müssen die beiden horizontalen Striche vor dem Bogen nach links geschrieben werden, der die horizontalen Striche in deren Mitte durchlaufen muß.

****

LEKTION 4

| 他 | tā | er, ihm, ihn | 亻 | *Mensch* |
| 是 | shì | sein | 是 | *richtig, recht, wahr* |

フ ヨ ヨ 男 那 那 那

丶 冫 ネ ネ ネ ネ ネ

衤 衤 袢 袢 裤　　裤

フ 了 子

一 二 三

Versuchen Sie, bei 书 eine Symetrie zu wahren. Der senkrechte Strich sollte die beiden waagerechten in der Mitte durchlaufen. Der untere waagerechte Strich sollte etwas länger sein als der obere.

••

丿 亻 仁 仲 他

丶 冂 日 日 旦

早 早 是 是

Lektion 4

谁	shéi (shuí)	wer?	讠	Sprache
父	fù	Vater	父	Vater
亲	qīn	Eltern	立	aufrecht stehen
哦	ó, ò	oh	口	Mund
就	jiù	dann, also	二	bedecken
呀	ya	(Ausruf)	口	Mund

丶 讠 讣 计 讦 讦

诽 谁 谁　　　　誰

丿 八 父 父

丶 亠 六 立 产 辛

亲 亲　　　　　　親

丶 口 口 口 叶 呼 呼

哦 哦 哦

丶 亠 六 亠 亩 亨 亨

京 京 就 就 就

丶 口 口 口 叱 呼 呀

认	rèn	kennen	讠	Sprache
识	shí	kennen	讠	Sprache
见	jiàn	sehen	见	sehen
过	guo	(Suffix)	辶	schnell gehen
四	sì	vier	口	Umzäunung

Übung 1: Kopieren Sie die gezeigte Zusammensetzung jedes Zeichens fünfmal.
Übung 2: Schreiben Sie jedes Zeichen zehnmal.

••

LEKTION 5

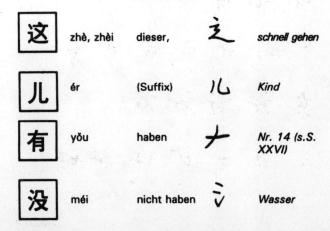

这	zhè, zhèi	dieser,	辶	schnell gehen
儿	ér	(Suffix)	儿	Kind
有	yǒu	haben	ナ	Nr. 14 (s.S. XXVI)
没	méi	nicht haben	氵	Wasser

、 讠 讣 认　　　認

、 讠 讣 识 识 识 識

丨 冂 贝 见　　　見

一 寸 寸 寸 讨 过　　過

丨 冂 凹 四 四

Hinweis: Normalerweise verbindet man beim Zeichen 辶 die Striche 2 und 3 miteinander, indem man nach dem ersten Haken den Bogen gleich anschließt.

··

、 一 テ 文 讠文 讠文 这 這

丿 儿 兒

一 ナ 才 冇 有 有

、 冫 氵 氵 沢 沒 没

Lektion 5

画	huà	malen, zeichnen	一	*eins*
店	diàn	Laden	广	*Schutzdach*
邮	yóu	Post	阝	*Stadt*
局	jú	Behörde, Amt	尸	*Körper*
对	duì	genau	寸	*Daumen; Zoll*
起	qǐ	sich erheben	走	*marschieren*
五	wǔ	fünf	一	*eins*

Hinweis: Wir geben hier die Bedeutung der Zeichen als isolierte Silbe wieder. Es kann jedoch vorkommen, daß mehrsilbige Zeichen Bedeutungen haben, die mit den

一 丆 百 丆 兩 西

画 画 　　　　　　　畫

丶 亠 广 广 庁 庁 店 店

丨 冂 日 由 由 邮 邮 鄭

フ ユ 尸 尸 局 局 局

フ 又 ヌ 对 对 　　　　對

一 十 土 卡 卡 走 走

起 起 起

一 丁 五 五

Bedeutungen der einzelnen Silben nicht mehr viel zu tun haben.

Lektion 5

LEKTION 6

老	lǎo	alt	耂	Nr. 92 (s.S. XXVI)
李	lī	Birne	木	Holz
王	wáng	König	王	König
在	zài	in; sich befinden	土	Erde
六	liù	sechs	亠	bedecken

Hinweis:
In den folgenden Lektionen gehen Sie in der gleichen Weise wie bisher vor. Bei jedem Zeichen kopieren Sie zuerst die hier gezeigte strichweise Zusammensetzung fünf- oder sechsmal. Anschließend schreiben Sie das gesamte Zeichen ca. zehnmal.

****

LEKTION 8

去	qù	gehen	土	Erde
吃	chī	essen	口	Mund
太	tài	zu sehr	大	groß

一 十 土 耂 耂 老

一 十 才 木 李 李 李

一 二 于 王

一 ナ 才 右 存 在

、 亠 六 六

Benutzen Sie einen Füller mit einer nicht zu breiten Feder oder einen stets gut gespitzten, weichen Bleistift, außerdem unbedingt Kästchenpapier, kein leeres oder Linienpapier.

••

一 十 土 去 去

丨 冂 口 叫 叫 吃

一 ナ 大 太

Lektion 8

想	xiǎng	denken glauben	心	Herz
行	xíng	in Ordnung	彳	*spazierengehen*
七	qī	sieben	一	*eins*
八	bā	acht	八	*acht*

LEKTION 9

住	zhù	wohnen	亻	*Mensch*
房	fáng	Haus	戶	*Tür*
安	ān	Frieden	宀	*Dach*
静	jìng	ruhig	青	*grün*

一 十 扌 木 札 机 机

相 相 相 想 想 想

丿 ㄅ 彳 彳 行 行

一 七

丿 八

••

丿 亻 亻 伫 住 住 住

丶 亠 亠 户 户 户 房

丶 宀 宀 宀 安 安

一 二 キ 主 丰 青 青
青 靑 靜 静 静 静　　静

Lektion 9

很	hěn	sehr	彳	*spazierengehen*
爱	ài	lieben	爫	*Kralle*
人	rén	Mensch, Mann	人	*Mensch*
幸	xìng	Glück ⎫ glücklicherweise	土	*Erde*
亏	kuī	Verlust erleiden ⎭	二	*zwei*
九	jiǔ	neun	乙	*Sichel*

LEKTION 10

冷	lěng	kalt	冫	*Eis*

ノ ク 彳 行 彳 彳 彳 很

很 很

ノ ぐ ⺥ ⺥ ⺥ ⺥ ⺥

啰 啰 愛 愛

ノ 人

一 十 土 圡 去 圥 圥 幸

一 二 亐　　　　　　　　戱

ノ 九

Verwechseln Sie nicht den Radikal 彳 (spazierengehen) mit dem Radikal 亻 (Mensch, Mann).
****

丶 冫 丬 冫 冷 冷 冷

Lektion 10

出	chū	herausgehen	屮	*Keim*
哪	nǎ	wo?	口	*Mund*
新	xīn	neu	斤	*Pfund*
晚	wǎn	spät	日	*Sonne*
发	fā	(ab)senden	又	*wieder, noch*
		Aussprache		
音	yīn	Ton, Schall	音	*Ton, Klang*

乚 凵 屮 出

丨 冂 口 叮 叮 叩 哎

哪 哪

丶 亠 䒑 立 亲 亲

亲 亲 新 新 新 新

丨 刀 月 日 日' 旷 旷

昤 晚 晚 晚 晚

丿 ナ 少 岁 发 发 發

丶 亠 䒑 立 产

音 音 音

Lektion 10

十	shí	zehn	七	zehn

LEKTION 11

她	tā	sie, ihr	女	*Frau*
妹	mèi	jüngere Schwester	女	*Frau*
朋	péng	Freund ⎤	月	*Mond*
		Freund		
友	yǒu	Freund ⎦	六	*Nr. 14 (s.S. XXVI)*
中	zhōng	Mitte	中	*Mitte, Zentrum*
国	guó	Land	口	*Umzäunung*
当	dāng	selbstverständlich	小	*klein*

一 十

Hinweis: Verwechseln Sie nicht den Radikal "Eis" 冫 (zwei Tropfen) mit dem Radikal "Wasser" 氵 (drei Tropfen). Bei beiden wird der untere Strich *von unten nach oben* geschrieben.

• •

く ㄨ 女 女˙ 妇 她

く ㄨ 女 女˙ 妵 妹 妹 妹

丿 冂 月 月 月) 刖 朋 朋

一 ナ 方 友

丨 冂 口 中

丨 冂 冂 冃 用 围 囸 国 國

丿 丨 小 ⺌ 当 当 當

Lektion 11

然	rán	selbstverständlich	灬	Feuer
们	men	(Pluralendung)	亻	Mensch
孩	hái	Kind	子	Sohn
几	jǐ	wieviele?	几	Tischchen
知	zhī	wissen, kennen	矢	Pfeil
道	dào	wissen / Straße, Weg	辶	schnell gehen

丿 ⼛ ⼛ 匀 匇 豻

🐺 🐺 🐺 然 然 然

丿 亻 㐅 们 们　　們

⼂ 了 孑 孒 孒

孕 孩 孩 孩

丿 几　　　　　幾

丿 ⼂ ⺊ 午 矢 知 知 知

丶 丷 ⺌ 产 首 首 首
首 道 道

Hinweis: Für "Feuer" gibt es zwei Varianten: 火 und ⺌.
Die erste steht immer im linken Teil eines Zeichens, die
andere immer im unteren Teil. Bei der zweiten Variante
wird der erste Strich nach links geschrieben, die drei
anderen nach rechts.

Lektion 11

LEKTION 12

、 亠 产 卞 立 产 产 彦

彦 彦 彦 郣 新 颜 颜 颜

丿 勹 勹 夕 多 色

一 十 士 吉 吉 吉 壴

壴 壴 喜 喜 喜

フ 又 叉 奴 欢 欢 歡

丶 冫 氵 氵 氵 沪 洒

洒 洒 洒 洒 漂 漂 漂

丶 亠 亠 亡 亠 亠 高

亭 亮

Lektion 12

吧	ba	(Partikel)	口	Mund
贵	guì	teuer	贝	Muschel
可	kě	aber	口	Mund
大	dà	groß	大	groß
的	de	(Partikel)	白	weiß
怎	zěn	wie	心	Herz
办	bàn	machen	力	Kraft
小	xiǎo	klein	小	klein

Hinweis:
Verwechseln Sie nicht den Radikal "Gelehrter" 士 mit dem Radikal "Erde" 土. Bei dem ersten ist der obere

丶 口 口 叭 叭 叭 吧

丶 口 口 中 虫 虫

毌 贵 贵　　　　　　貴

一 厂 丆 可 可

一 ナ 大

丿 亻 伯 白 白 的 的

丿 ㇀ 乍 乍 乍 乍

怎 怎 怎

フ 力 力 办　　　　　　辦

亅 小 小

horizontale Strich länger als der untere, beim zweiten ist es anders herum.

Lektion 12

LEKTION 13

作	zuò	machen	亻	Mensch
翻	fān	übersetzen	羽	Feder
译	yì	übersetzen	讠	Sprache
会	huì	können	人	Mensch
英	yīng	Blüte, Blume	艹	Gras
语	yǔ	Sprache	讠	Sprache

* * * * *

丿 亻 仁 仵 仵 作 作

丿 ㇒ 厶 纟 平 乎 采 采

禾 禾 番 番 畨 畨 翻 翻
翻 翻

丶 讠 讠 讠 译 译 译 譯
丿 人 △ 会 会 会　會

一 十 卄 艹 苎 英 英 英

丶 讠 讠 讠 讠 语 语

语 语 语　　　　語

・・・・・

Lektion 13

点	diǎn	etwas	灬	Feuer
呢	ne	(Partikel)	口	Mund
说	shuō	sprechen, sagen	讠	Sprache
写	xiě	schreiben	冖	bedecken

LEKTION 15

明	míng	klar, hell	日	Sonne
回	huí	zurückkehren	囗	Umzäunung
家	jiā	Familie	宀	Dach

丨 卜 㐅 占 占 点

点 点 点　　　　　　點

丨 丨 口 口 口 呀 呀 呢

丶 讠 讠 订 订 讨

讪 讶 说　　　　　　說

丶 冖 冖 宀 写 写　　寫

Hinweis: Verwechseln Sie nicht die Radikale "Dach" 宀,
"schützen" — und "bedecken" 冖.

••

丨 冂 冂 日 日 明 明 明

丨 冂 冂 回 回 回

丶 丷 宀 宀 宁 宁

宇 宇 家 家

Lektion 15

远	yuǎn	weit	辶	*schnell gehen*
车	chē	Wagen	车	*Wagen*
开	kāi	fahren	廾	*Hände zum Gruß zusammenlegen*
骑	qí	reiten, fahren	马	*Pferd*
自	zì	selbst	自	*selbst*

LEKTION 16

票	piào	Ticket, Karte	西	*Deckel*
快	kuài	schnell	小	*Herz*

一 二 テ 元 沅 试 远 遠

一 七 车 车　　　　　車

一 二 Ŧ 开　　　　　開

㇇ 马 马 马ˊ 马ᐟ 驮

驮 骍 骑 骑　　　　　騎

ノ 亻 イ丨 自丨 自丨 自

Hinweis:
Haben Sie bemerkt, woraus sich der Radikal "Familie"
家 zusammensetzt? Aus "Dach" 宀 und "Schwein" 豕 !

••

一 厂 覀 西 西 西

西 覀 票 票 票

丨 忄 忄 忙 忙 快 快

Lektion 16

里	lǐ	in, innerhalb	里	*Dorf*
等	děng	warten	竹	*Bambus*
火	huǒ	Feuer	火	*Feuer*
半	bàn	halb, Hälfte	丨	*Stock*
还	hái	noch	辶	*schnell gehen*
时	shí	Zeit	日	*Sonne*
间	jiān	Zeit / zwischen, inmitten	门	*Tür*
多	duō	viel, viele	夕	*Abend*
块	kuài	(Währungseinheit)	土	*Erde*

丶 冂 曰 日 旦 甲 里 裏

丿 𠂉 ㇒ 𠂹 竹 竹

竹 竹 笁 笁 等 等

丶 丷 少 火

丶 丷 䒑 兰 半

一 丆 疒 不 㧪 还 还 還

丨 冂 日 日 旷 时 时 時

丶 亠 门 门 问 问 间 間

丿 勹 夕 多 多 多

一 十 土 圠 圤 圤 块 塊

Lektion 16

钱	qián	Geld	钅	Gold
够	gòu	genug	夕	Abend
了	le	(Partikel)	ㄱ	Sichel

Hinweis:
Es gibt zwei Varianten für den Radikal "Herz". Im unteren Teil eines Zeichens wird der Radikal 心 geschrieben,

****

LEKTION 17

下	xià	unten, herunter	卜	Wahrsagerei
象	xiàng	gleichen, ähneln	勹	Messer

ノ 乍 上 与 钅 钅 钅

钱 钱 钱　　　　　　錢

ノ ク 勺 句 句 句' 夠

夠 够 够 够

フ 了

im linken Teil 忄. Diese letzte Form können Sie je nach Gewohnheit oder Schriftstil 忄 oder 忄 schreiben.

••

一 丁 下

ノ ク 々 夕 色 争

象 象 象 象 象

Lektion 17

雨	yǔ	Regen	雨	Regen
公	gōng	öffentlich	八	acht
园	yuán	Garten	口	Umzäunung
意	yì	Bedeutung	心	Herz
思	sī	Bedeutung / nachdenken, denken	心	Herz
事	shì	Angelegenheit	一	eins
待	dāi	bleiben	彳	spazierengehen

Hinweis:
Die Silbe xiàng 象 hat auch noch die Bedeutung "Elefant".

一 厂 丙 丙 丙 雨 雨 雨
丿 八 公 公
丨 门 门 闩 同 园 园 園
丶 亠 亠 六 立 产 音 音
音 声 意 意 意
丨 冂 闩 田 田 田

思 思 思

一 厂 丙 口 号 写 亨 事

丿 彳 彳 彳 彳 彳 社

往 待 待

Lektion 17

LEKTION 18

马	ma	Pferd	马		Pferd
师	shī	Meister	巾		Tuch
姐	jiě	ältere Schwester	女		Frau
候	hóu	Fürst	亻		Mensch
来	lái	kommen	木		Holz
清	qīng	klar, deutlich	氵		Wasser

Hinweis:
Mit viel Phantasie kann man beim Radikal 巾 "Tuch" das Stoffstück erkennen, das von den Bauern früher für vielerlei Aufgaben benutzt wurde: um etwas zu reinigen, sich die Hände abzutrocknen und auch, um es vor dem Bauch um den Gürtel zu schlingen, von wo dann die beiden Enden lose herunterhingen.

フ 马 马 　　　　　馬

丿 刂 忄 圷 师 师　師

く 夂 女 刘 奶 妍 姐

丿 亻 仆 仃 仁

佇 佇 佐 候 候

一 丆 丆 癶 来 来 来 來

丶 冫 氵 汁 汁 注 注

淸 淸 清 清

Lektion 18

楚	chǔ	klar, rein	疋	Stoffballen
告	gào	sagen, mitteilen	口	Mund
		erzählen		
诉	su	mitteilen, informieren	讠	Sprache
看	kàn	sehen	目	Auge
病	bìng	Krankheit, krank	疒	Krankheit
您	nín	Sie	心	Herz

一 十 十 十 木 村 材

林 楚 楚 梦 梦 楚

丿 ﾉ 屮 生 屮 告 告

丶 讠 讠 讠 讠 诉 诉 訴

丿 二 三 手 手

看 看 看 看

丶 亠 广 广 疒 疒

疒 病 病 病

丿 亻 亻 亻 你 你 你

你 您 您 您

Lektion 18

舒	shū	entfalten, angenehm	人	Mensch
服	fú	sich eingewöhnen	月	Mond
姓	xìng	heißen (Nachname)	女	Frau
叫	jiào	heißen (Vorname)	口	Mund
宝	bǎo	Schatz	宀	Dach
定	dìng	bestimmen, festlegen	宀	Dach

****

LEKTION 19

怕	pà	fürchten	忄	Herz

丿 亻 入 亼 仐 今 舍 舍
舒 舒 舒 舒
丿 刀 月 月 刖 肌 服 服
く 乂 女 女 奵 奵 姓 姓
丶 丆 口 叫 叫
丶 丷 宀 宀 宁 宇

宝 宝   寶

丶 丷 宀 宀 宁 宇 宓 定

Hinweis: Verwechseln Sie nicht die Radikale "Stoffballen" 疋, "Fuß" 足 und "marschieren" 走.

••

Lektion 19

路	lù	Weg, Route	足	Fuß
次	cì	Mal	冫	Eis
能	néng	können	厶	privat
最	zuì	(Superlativ)	日	Sonne
打	dǎ	schlagen	扌	Hand
听	tīng	hören	口	Mund

Hinweis:
Bei dem alten Zeichen für "hören" war der Radikal das "Ohr" 耳; bei dem vereinfachten Zeichen ist der Radikal der "Mund" 口.

丶 口 口 𧾷 𧾷 𧾷 足 趴

趴 跌 跌 路 路

丶 冫 冫 次 次 次

𠃋 厶 㔾 𠂢 𠂤 𦧘

能 能 能

丶 冂 冂 日 旦 早 昂 昂

昂 最 最 最

一 十 扌 扌 打

丶 口 口 叮 听 听 聽

Lektion 19

LEKTION 20

两	liǎng — zwei	一	eins
男	nán — männlich	田	Feld
女	nǚ — weiblich	女	Frau
现	xiàn — aktuell	王	König
岁	suì — Lebensjahr, Alter	山	Berg
忘	wàng — vergessen	亡	fliehen, flüchten
真	zhēn — wirklich	十	zehn

一 厂 丆 丙 丙 两 两 两

丶 冂 冂 日 号 男

く 女 女

一 二 于 王 玖 现 现

现   現

丨 凵 山 少 步 岁   歲

丶 亠 亡 产 忘 忘 忘

一 十 ナ 方 冇 有

盲 直 真 真

Lektion 20

| 算 | suàn | zählen | 竹 | Bambus |

| 问 | wèn | fragen | 门 | Tür |

Hinweis:
Vielleicht ist Ihnen aufgefallen, daß bei vielen mehrsilbigen Wörtern die Silben, einzeln betrachtet, identische oder zumindest sehr ähnliche Bedeutung haben. Überprüfen Sie dies z.B. anhand der folgenden Wörter: *gàosu, fānyì, xǐhuan, péngyou, liànxí*.

••

LEKTION 22

| 热 | rè | heiß, warm | 灬 | Feuer |

| 情 | qíng | Gefühl | 忄 | Herz |

| 以 | yǐ | mit, mittels, durch | 人 | Mensch |

丿 ㇇ ㇏ 竹 竹 竹 竹 竹

竹 笁 笪 算 算 算　　祘

丶 冂 门 门 向 问　　問

Hinweis:
Das Zeichen *nán* 男 kann auf zweierlei Arten geschrieben werden: 1. mit "Sonne" und "Kraft", wobei der senkrechte Strich von "Kraft" die "Sonne" in der Mitte durchläuft. 2. Mit "Feld" und "Kraft", wobei die beiden Zeichen sich nicht berühren.

✶✶✶

一 寸 才 扌 执 执

执 热 热 热　　　　熱

丨 丶 小 忄 忄 忄 忄
忄 情 情 情

㇀ 厶 㠯 以

Lektion 22

前	qián	vor	八	acht
刚	gāng	gerade	刂	Messer
迎	yíng	empfangen	辶	schnell gehen
学	xué	lernen, studieren	子	Sohn
化	huà	verändern	亻	Mensch
极	jí	extrem	木	Holz
毕	bì	beenden	十	zehn

、 ｀丶 兰 产 芐 芐

首 前 前

丨 门 冂 冈 㓞 刚　　剛

丿 亻 幻 印 吅 迎 迎

、 ｀丶 ⺌ ⺍ ⺌

⺌ 学 学　　　　　　學

丿 亻 伒 化

一 十 才 木 朩

机 朸 极　　　　　極

一 匕 匕一 比 毕 毕　　畢

Lektion 22

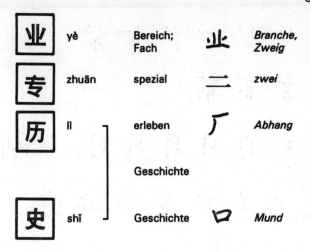

LEKTION 23

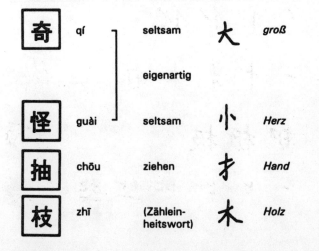

丨 业 业 业 业　　業

一 二 丰 专 专　　專

一 厂 万 历　　　歷

丶 口 口 史 史

Hinweis: Der Radikal 厂 darf nicht mit dem Radikal 广 verwechselt werden, der sich nur durch einen zusätzlichen Strich oben unterscheidet.

••

一 大 大 大 大 查 查 奇

丨 丨 小 忄 忄 忟 怿 怪

一 十 扌 扌 扫 扫 抽 抽

一 十 オ 木 朩 村 枝 枝

谢	xiè	danke	讠	Sprache
烟	yān	Rauch	火	Feuer
筷	kuài	Eßstäbchen	竹	Bambus
用	yòng	benutzen	冂	Wildnis, Wüste
啊	a	ah!	口	Mund
才	cái	nur	一	eins

Hinweis:
Bei den Zeichen, die im Zuge der Schriftreform 1956 vereinfacht wurden, haben wir am Ende der Zeile die nicht vereinfachte Version (das Langzeichen) abge-

、 讠 讠 讠 讵 诌 诌 诌

诌 诌 谢 谢　　　　謝

、 丷 少 火 灯 灯

炌 烆 烟 烟　　　　煙

丿 𠂉 𠂉 𠂉 竹 竹 竹

竹 𥫗 筟 筷 筷

丨 冂 冃 用 用

、 冂 口 吖 呵 呵

呵 呵 啊

一 寸 才

bildet, die noch heute auf Taiwan und in Hongkong gebräuchlich ist. Natürlich sind auch alle klassischen Schriften in Langzeichen verfaßt.

Lektion 23

LEKTION 24

进	jìn	hineingehen	辶	schnell gehen
城	chéng	Stadt	土	Erde
礼	lǐ	Zeremonie Woche	礻	verehren
拜	bài	beglückwünschen	手	Hand
跟	gēn	mit	足	Fuß
到	dào	ankommen; nach	至	erreichen

一 二 ㆞ 井 ՚井 讲 进 進

一 十 土 圠 圠 坊

城 城 城

丶 ㇇ 亍 礻 礼　　　　禮

丿 亠 ⺧ 手 手

扌二 扌三 扌三 拜

丶 口 口 甲 足 足 足¹

足² 足³ 跟 跟 跟

一 亠 ㄊ 云 至 至 到 到

Lektion 24

南	nán	Süden	十 zehn
京	jīng	Hauptstadt	亠 schützen
商	shāng	Handel	亠 schützen
都	dōu	alle, alles	阝 Stadt
各	gè	jeder, -e, -es	夊 folgen
种	zhǒng	Art, Sorte	禾 Getreide

一 十 冇 内 内 兩

南 南 南

丶 亠 广 方 古 亨 京 京

丶 亠 六 六 产 商

商 商 商 商

一 十 土 耂 老 者 者

者 都 都

丿 夕 夂 冬 各 各

丿 二 千 千 禾 利

和 和 种 種

百	bǎi	hundert	白	*weiß*
货	huò	Waren	贝	*Muschel*
馆	guǎn	Hotel, Gasthaus	饣	*essen*
接	jiē	empfangen, erhalten	扌	*Hand*

••

LEKTION 25

| 门 | mén | Tür, Tor | 门 | *Tür* |
| 长 | cháng | lang | 丿 | *Teil* |

一 丁 丆 历 历 百

丿 亻 亿 化 华 货

货 货　　　　　貨

丿 勹 亇 饣 饣 饣 饣

饣 饣 馆 馆　　　館

一 寸 扌 扩 扩 扩

扩 护 接 接 接

Hinweis:
In der Antike dienten Muscheln als Zahlungsmittel.

••

丶 门 门　　　　門

丿 二 长 长　　　長

Lektion 25

概	gài	im allgemeinen	木 Holz
午	wǔ	Mittag	冖 bedecken
请	qǐng	einladen, bitten	讠 Sprache
先	xiān	zuerst	儿 Kind
上	shàng	auf, oben, hinauf	卜 Wahrsagerei
共	gòng	zusammen	廿 zwanzig
汽	qì	Dampf	氵 Wasser
坐	zuò	sich setzen	土 Erde

一 十 十 木 朳 朳 杞 根

根 根 根 概 概

丿 𠂉 上 午

丶 亠 讠 让 计 计

许 请 请 请　　　　請

丿 𠂉 屮 생 步 先

丨 卜 上

一 十 廿 丗 卄 共

丶 冫 氵 氵 沪 沪 汽 汽

丿 人 人 从 丛 伞 坐

站	zhàn	Haltestelle	立	aufrecht stehen
口	kǒu	Mund	口	Mund
后	hòu	nach, danach	厂	Abhang
再	zài	nochmals	一	eins
换	huàn	wechseln	扌	Hand
反	fǎn	(ent)gegen	厂	Abhang
正	zhèng	gerade, aufrecht	止	stehenbleiben

丶 亠 亣 方 立 刘 竑

竑 站 站

丶 冂 口

丿 厂 厃 斥 后 后　　後

一 厂 冂 冋 再 再

一 十 扌 才 扩

扩 捡 捡 换 换

一 厂 反 反

一 丁 下 正 正

Hinweis: Beachten Sie die beiden unterschiedlichen Schreibweisen für den Radikal "Hand": 扌 und 手.

Lektion 25

LEKTION 26

决	jué	sich entscheiden	冫	Eis
俩	liǎ	zwei (Personen)	亻	Mensch
结	jié	knüpfen, knoten	纟	Seide
婚	hūn	Heirat	女	Frau
张	zhāng	(Name); ZEW	弓	Bogen
红	hóng	rot	纟	Seide
月	yuè	Monat, Mond	月	Mond

丶 氵 氵 江 決 决

丿 亻 仁 佂 佴

俩 俩 俩 俩　　　　　倆

乙 幺 纟 纟 纠 纠

纬 结 结　　　　　　結

㇌ 幺 女 女 奵 奵 奵
婄 婚 婚 婚

丁 ㄱ 弓 弓' 弘 张 张 張

乙 幺 纟 纟 红 红　　紅

丿 几 月 月

Lektion 26

昨	zuó	gestern	日	*Sonne*

LEKTION 27

北	běi	Norden	匕	*Löffel*
陈	chén	(Name)	阝	*Hügel, Wall*
生	shēng	gebären	丿	*Teil*
已	yǐ	schon, bereits	已	*persönlich*
经	jīng	erleben, durchmachen	纟	*Seide*
教	jiāo	lehren, unterrichten	攵	*schlagen*

丨 冂 月 日 旷 旷

昨 昨 昨

....

丨 十 丬 北 北

㇇ 阝 阝 阽 阵 陈 陳

丿 𠂉 ㇄ 牛 生

㇇ 𠃌 已

㇙ 乡 纟 纠 纵 经

纾 经　　　　　　　　　經

一 十 土 耂 耂 考 孝

孝丿 孝攵 教 教

Lektion 27

肯	kěn	zustimmen	止	*stehenbleiben*
法	fǎ	Gesetz	氵	*Wasser*
为	wèi	für	丶	*Punkt*
因	yīn	weil; wegen	口	*Umzäunung*
得	de	(Partikel)	彳	*spazieren-gehen*

LEKTION 29

旅	lǚ	reisen	方	*Rechteck*

丨 卜 止 止 毕 肯 肯 肯

丶 冫 冫 氵 汁 汢 法 法

丶 𠃍 为 为　　　　　　　為

丨 冂 冂 用 囚 因

丿 彳 彳 彳 彳 彳 彳
得 得 得 得

Hinweis: Die Schreibweise der Zeichen 己 *jǐ* "selbst, persönlich", 已 *yǐ* "aufhören, haltmachen" und 巳 *sì* "der sechste der 12 Erdzweige mit dem Tierkreiszeichen Schlange" ist sehr ähnlich. Alle Zeichen stehen in modernen Wörterbüchern unter dem Radikal *jǐ* 己.

•••

丶 亠 亍 方 方 𣃫 𣃫
旅 旅 旅

Lektion 29

错	cuò	Fehler; falsch	金	*Gold; Metall*
水	shuǐ	Wasser	水	*Wasser*
己	jǐ	selbst, persönlich	己	*selbst, persönlich*
今	jīn	Gegenwart	人	*Mensch*

••

LEKTION 30

喝	hē	trinken	口	*Mund*
渴	kě	Durst; durstig sein	氵	*Wasser*

丿 𠂉 与 东 金 钅 钅

钅 钅 钅 错 错 错　　错

亅 扌 才 水

乛 𠃌 己

丿 人 亽 今

Hinweis: Vergleichen Sie 己 *jǐ* "selbst, persönlich" mit 已 *yǐ* "schon, bereits" auf Seite 75. Bei *yǐ* setzt der letzte Bogen ein wenig höher an als bei *jǐ*!

••

丶 口 口 叩 叩 叩

叩 喝 喝 喝 喝

丶 冫 氵 氵 沪 沪 沪

沪 沔 渇 渇 渇

Lektion 30

| 茶 | chá | Tee | 艹 | Gras |

近	jìn	nah	辶	*schnell gehen*
忙	máng	beschäftigt	忄	*Herz*
班	bān	Einheit	王	*Herrscher; König*

••

LEKTION 31

| 该 | gāi | sollen, müssen | 讠 | *Sprache* |

一 十 卄 艹 艾

艾 芩 苶 茶

丿 亻 斤 斤 䜣 近 近

丨 亅 小 忄 忙 忙

一 二 于 玉 玉 到 玡

玡 班 班

・・

丶 言 讠 讠 讠

该 该 该　　　　　　　　該

Lektion 31

| 桥 | qiáo | Brücke | 木 | *Holz* |

| 牌 | pái | Karte | 片 | *Brett* |

****

LEKTION 32

地	dì	Erde	土	*Erde*
方	fāng	Rechteck	方	*Rechteck*
重	chóng	wiederholen	丿	*Teil*

| 庆 | qìng | feiern | 广 | *Schutzdach* |

一 十 十 木 术

朩 杧 杯 桥 桥　　　橋

丿 丿 ㄏ ㄏ 片 片 片

朴 朐 牌 牌 牌 牌

••

一 十 土 圠 圴 地

丶 亠 亍 方

丿 二 亠 古

旨 盲 重 重 重

丶 亠 广 广 庐 庆　　　慶

Lektion 32

年	nián	Jahr	亠	bedecken
做	zuò	machen	亻	Mensch
觉	jué	finden; meinen	见	sehen
卖	mài	verkaufen	十	zehn
东	dōng	Osten	一	eins
工	gōng	Arbeit	工	Arbeit
厂	chǎng	Fabrik	丆	Abhang

丿 𠂉 ㇈ 仁 年 年

丿 亻 仁 什 仕 估

估 估 做 做 做

丶 丷 ⺌ ⺌ 兴 兴 常

觉 觉   覺

一 十 士 壱 壱

壱 卖 卖   賣

一 七 东 东 东   東

一 丁 工

一 厂   厰

Lektion 32

| 海 | hǎi | Meer | 氵 | Wasser |

Hinweis: Verwechseln Sie nicht das Zeichen 买 *mǎi* "kaufen" mit dem Zeichen 卖 *mài* "verkaufen". Der einzige Unterschied zwischen diesen beiden Zeichen ist der Radikal "zehn" 卖 bei *mài*.

****

LEKTION 33

| 难 | nán | männlich | 又 | *wieder, noch* |

| 话 | huà | Sprache | 讠 | *Sprache* |

| 字 | zì | Zeichen | 宀 | *Dach* |
| 比 | bǐ | vergleichen | 匕 | *Löffel* |

丶 冫 氵 氵 氵 氵
海 海 海 海

Hinweis: Für das Zeichen *zuò* "machen" gibt es zwei Schreibweisen: 做 und 作, wobei 做 eher für konkrete Handlungen und 作 in abstrakteren Zusammenhängen verwendet wird.

••

フ 又 邓 邓 欢 欢 难

难 难 难　　　　　　　難

丶 讠 让 计 让 话

话 话　　　　　　　　話

丶 丷 宀 宀 宁 字

丿 匕 比 比

Lektion 33

较	jiào	vergleichen	车	Wagen
容	róng	enthalten / einfach, leicht	宀	Dach
易	yì	leicht	日	Sonne
花	huā	ausgeben, verwenden	艹	Gras
录	lù	aufnehmen (Band)	彐	Schweinekopf
机	jī	Maschine	木	Holz
广	guǎng	weit, ausgedehnt	广	Schutzdach
和	hé	und, mit	禾	Getreide

一 七 车 车 车 轩

轩 轩 轫 较　　　較

丶 广 门 宀 穴 宊

宊 宊 容 容

丶 冂 冃 日 月 多 易 易

一 十 廾 艹 艹 艿 花

𠃍 ㇇ 彐 寻 㣺 录 錄

一 十 才 木 机 机　　機

丶 ㇒ 广　　　　　廣

丿 二 千 千 禾 和 和

Lektion 33

懂　dǒng　verstehen　忄　Herz

Hinweis:
Für das Zeichen 懂 "verstehen" existiert eine inoffizielle
Vereinfachung: 怃. Der Radikal "Herz" wird beibehalten

••

LEKTION 34

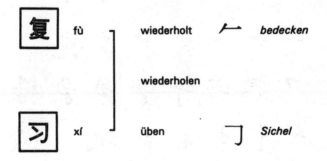

复　fù　wiederholt　冖　bedecken

wiederholen

习　xí　üben　⁊　Sichel

Hinweis:
Der Radikal ⁊ kann auch folgendermaßen aussehen: ⁻ι.
Dann wird auch klarer, warum er den Namen "Sichel"

* * * * *

丨 丿 小 忄 忄 忄 忄 忄

忄 忄 忄 忄 忄 懂 懂

und auf der rechten Seite verwendet man das Zeichen für "Winter", das sich auch *dong* spricht, jedoch im ersten Ton.

∗∗

丿 亠 个 乍 乍 乍

乍 乍 复 复   複

丁 习 习   習

trägt. Vergleichen Sie den Radikal mit dem Zeichen 九 "neun" (Lektion 9, Seite 21). Die Zeichen unterscheiden sich durch den senkrechten Bogen!

∗ ∗ ∗ ∗ ∗

Lektion 34

LEKTION 36

信	xìn	Brief	亻	Mensch
给	gěi	für; geben	纟	Seide
封	fēng	(Zähleinheitswort)	寸	Daumen; Zoll
妈	mā	Mutter	女	Frau
另	lìng	anderer, -e, es	力	Mund
放	fàng	stellen, legen	攵	schlagen

丿 亻 亻̇ 仁̇ 仁

仁 信 信 信

⟨ 幺 纟 纟 纟 纟

纟 给 给　　給

一 十 土 圭 圭 圭

圭 封 封

⟨ 乂 女 如 妈 妈　媽

丶 冂 口 another 另

丶 亠 宀 方 方 方 放 放

Lektion 36

假	jià	Urlaub, Ferien	亻	*Mensch*
早	zǎo	früh	日	*Sonne*
同	tóng	gleich, identisch	冂	*Wüste, Wildnis*
板	bǎn	Brett	木	*Holz*

Hinweis: Das ursprüngliche Piktogramm, aus dem der Radikal 寸 *cùn* "Daumen; Zoll" (S. 93) entstanden ist, zeigt eine Hand mit einem Strich auf der Höhe des Pulses ungefähr 3 cm unterhalb der Hand. Dies ist in etwa die Maßeinheit "Zoll". Der Radikal *cùn* läßt also zwei Übersetzungen zu.

****

LEKTION 37

讲	jiǎng	sprechen	讠	*Sprache*
亿	yì	100 Mio.	亻	*Mensch*
止	zhǐ	anhalten	止	*stehenbleiben*

ノ 亻 亻' 亻' 亻' 作 作

作' 作' 假 假

丶 冂 日 日 旦 早

丨 冂 冂 同 同 同

一 十 十 木 木 朴 板 板

Hinweis: Die Kenntnis bestimmter Schriftzeichen ermöglicht Ihnen, auf die Bedeutungen anderer, zusammengesetzter Schriftzeichen zu schließen. Wenn Sie beispielsweise wissen, daß 同 *tóng* "gleich, identisch" heißt, so können Sie sich fast denken, daß 同年 *tóngnián* "gleichaltrig", 同意 *tóngyì* "der gleichen Meinung, einverstanden sein" und 同路 *tónglù* "den gleichen Weg gehen" heißt.

∗∗∗

丶 讠 计 讠 讲 讲 　 講

ノ 亻 亿 　　　　　 億

丨 卜 止 止

Lektion 37

题	tí	Thema	是	*richtig, recht, wahr*
杂	zá	verschiedenartig	木	*Holz*
藏	zàng	tibetisch	艹	*Gras*
内	nèi	innen	冂	*Wüste, Wildnis*
蒙	měng	Mongolei	艹	*Nr. 134*
言	yán	Sprache	言	*Wort*

丨 冂 月 日 旦 早 旱 昇
是 是 是 匙 題 題 題 題
丿 九 九 杂 杂 杂 雜
一 十 廾 艹 芹 萨 萨 萨
荓 荓 蒜 蔣 蒋 菹 藏 藏
藏
丨 冂 内 内
一 十 艹 艹 芦 芦 梦
芗 夢 夢 蒙 蒙
丶 二 亠 宀 言 言 言

LEKTION 38

州	zhōu	Bezirk	丶	*Punkt*
句	jù	Satz	勹	*einwickeln*

LEKTION 38

飞	fēi	fliegen	乙	*Sichel*
场	chǎng	freier Platz	土	*Erde*
非	fēi	nicht, oft	非	*Fehler, Unrecht*
常	cháng	oft	龸	*Nr. 139 (s.S. 101)*
高	gāo	hoch, groß, zufrieden	高	*hoch, groß*
兴	xīng	Freude	八	*acht*

丶 丿 十 州 州 州

丿 勹 勹 句 句

乁 飞 飞　　　　　　飛

一 十 土 圹 坊 场 场 場

丿 亅 크 丰 非 非 非

丨 丷 小 尚 尚 尚
尚 尚 常 常

丶 亠 六 亩 古 亢 高
高 高 高

丶 丷 丷 丷 兴 兴　　興

Lektion 38

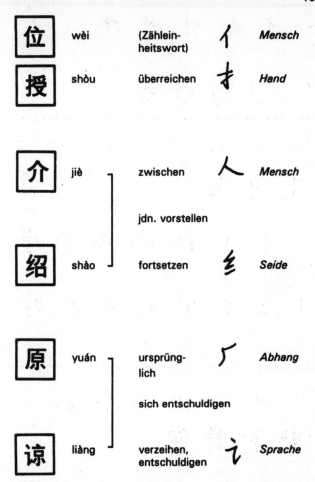

Hinweis zu S.99: Wie andere Radikale, die in diesem Buch nur mit einer Nummer gekennzeichnet sind, hat auch dieser Radikal keine Bedeutung. Nach dem klassischen Radikalsystem findet sich das Zeichen unter dem Radikal 巾 "Stoff".

丿 亻 仁 仁 仆 位 位

一 十 扌 扌 扌 扌
扌 扌 授 授
丿 人 个 介

乚 乡 乡 纠

纠 纫 绍 绍　　　　　紹
丿 厂 厂 尺 反 反
反 原 原 原
丶 讠 讠 讠 讠 讠

讠 讠 谅 谅　　　　　諒

Lektion 38

关	guān	schließen	八	acht
		Beziehungen		
系	xì	System	系	Seide
如	rú	wie	女	Frau
果	guǒ	Frucht	木	Holz
慢	màn	langsam	忄	Herz
零	líng	Null	雨	Regen
况	kuàng	Situation	冫	Eis
只	zhǐ	nur	口	Mund

、丷䒑兰乷关 關

′ㄥ纟幺弁糸系係
く 乆 女 女 如 如
、冂日日旦旲果果
丨 丶 忄 忄 忄 忄 忄
忄 忄 忄 慢 慢
一 亠 冂 币 雨 雨 雨
雨 雫 乗 零 零
、冫冫氵氵汈況
丨冂口只只 祇

Lektion 38

熟	shú	reif, gar	⺣	Feuer
		vertraut		
悉	xī	vertraut; gut kennen	釆	auswählen
司	sī	führen, verwalten	𠃌	Sichel
带	dài	tragen	巾	Tuch

Hinweis: Anstelle des hier gezeigten Zeichens für "null" wird gelegentlich der Einfachheit halber ein Kreis geschrieben, der etwas größer und runder ist als unsere Ziffer "0": ○

●●

LEKTION 39

电	diàn	Strom	曰	*sagen, heißen*

、亠㐄市古京亨享

乩孰孰孰熟熟

丿㇇㇇幺平采采

采悉悉悉

冂刁司司司

一十廾丗芑芑

芑芾带

Verwechseln Sie nicht die beiden Zeichen 兴 *xīng* und 光 *guāng*!

• •

丨冂日日电 電

喂	wèi	Hallo	口	Mund
找	zhǎo	suchen	扌	Hand
志	zhì	Wille	士	Erde
久	jiǔ	lange	丿	Teil
谈	tán	sich unterhalten	讠	Sprache
空	kòng	freie Zeit	穴	Höhle, Loch
麻	má	Hanf	麻	Hanf

丨 口 口 叫 叩 叩

呷 呷 哩 喂 喂 喂

一 寸 才 扌 找 找 找

一 十 士 士 志 志 志

丿 夂 久

丶 讠 讠 讣 讣 讠

讠 谈 谈 谈　　　談

丶 丷 宀 宀 㝉 空 空

丶 二 广 广 庁 庁

床 床 庥 庥 麻

Lektion 39

烦	fán	verärgert	火		Feuer
饺	jiǎo	Teigtasche	欠		essen

LEKTION 40

参	cān	teilnehmen, sich beteiligen	厶		eigen, privat, persönlich
观	guān	schauen, beobachten	又		wieder, noch
研	yán	studieren	石		Stein
		forschen, Forschung			
究	jiū	untersuchen	穴		Höhle, Loch

丶 丷 ⺌ 火 火⺀ 灯

灯 炳 炳 烦　　　煩

丿 𠂉 饣 饣 饣

饣 饮 饺 饺　　　餃

∠ 厶 二 乒 矣

矣 参 参　　　參

フ 又 刈 𮤠 观 观　　觀

一 丆 イ 石 石 石

石二 矸 研

丶 丷 宀 宀 宂 宂 究

Lektion 40

所	suǒ	Platz, Stelle	斤	Pfund
成	chéng	vollenden, gelingen	戊	der 5. der 10 Himmelsstämme
立	lì	gründen, errichten	立	aufrecht stehen
主	zhǔ	Gastgeber, Eigentümer	丶	Punkt
搞	gǎo	machen	扌	Hand
计	jì	zählen	讠	Sprache
产	chǎn	produzieren, erzeugen	立	aufrecht stehen
由	yóu	durch	由	Grund, Ursache

丶 亻 斤 斤 斤 所 所 所

一 厂 厉 成 成 成

丶 亠 六 六 立

丶 亠 三 宁 主

一 扌 扌 扩 扩 扩 挤 挤
挤 搞 搞 搞 搞

丶 讠 讠 计 计　　　　計

丶 亠 六 六 立 产　　　産

丶 冂 冂 由 由

Lektion 40

单	dān	einzig, allein	〵丿 acht
负	fù	etw. tragen	勹 Messer
责	zé	Pflicht, Verantwortung	圭 Nr. 89 (s.S. XXVI)
无	wú	nicht haben	尢 lahm, schwach
线	xiàn	Faden	纟 Seide
完	wán	beenden, abschließen	宀 Dach

••

丶 ⺍ ⺌ 兴 兯 甾 単

单　　　　　　　　單

丿 勹 ⺈ 숙 负 负　　負

一 二 丯 丰 丰

靑 责 责　　　　　　責

一 二 于 无　　　　　無

乚 幺 纟 纟 纟

纟 线 线　　　　　　綫

丶 丷 宀 宀 宁 宇 完

Lektion 40

LEKTION 41

演	yǎn	aufführen, spielen	氵	*Wasser*
排	pái	ordnen; Reihe	扌	*Hand*
戏	xì	Theater	又	*wieder, noch*
者	zhě	(Suffix)	耂	*alt*
舍	shè	Haus	人	*Mensch*
死	sǐ	tot	歹	*schlecht, böse*
世	shì	Welt	一	*eins*

丶 氵 氵 汀 汀 沪 沪
沪 浐 浐 浐 浐 演 演

一 寸 才 扌 打 打
扌 挂 排 排 排

フ ヌ 乂 戏 戏 戏　戲

一 十 土 耂 耂 者 者 者
丿 人 亼 今 全 今 舍 舍

一 厂 歹 歹 列 死

一 十 廿 廿 世

Lektion 41

惜	xī	bedauern	忄	Herz
休	xiū	sich ausruhen	亻	Mensch
息	xī	sich ausruhen	自	selbst
份	fèn	(Zähleinheitswort)	亻	Mensch

LEKTION 43

满	mǎn	voll	氵	Wasser
哥	gē	älterer Bruder	口	Mund

丨 丿 小 小 忄 忄 忄

忄 忄 惜 惜

丿 亻 仁 什 仕 休

丿 亻 冂 白 自 自

自 息 息 息

丿 亻 亻 仈 份 份

....

丶 冫 氵 氵 汁 汁 汫 洪

洪 满 满 满 满　　满

一 丆 冚 可 可 可

哥 哥 哥 哥

Lektion 43

收	shōu	erhalten	攵 schlagen
活	huó	leben	氵 Wasser
惯	guàn	an etw. gewöhnt sein	忄 Herz
胖	pàng	dick	月 Mond
香	xiāng	duftend; Duft	香 duftend, wohlriechend

· · · · ·

乚 乢 屮 帅 收 收

丶 冫 氵 氵 沪 沪

汙 活 活

丨 忄 忄 忄 忄 忄

忄 忄 愔 愔 愔 愔

丨 丿 月 月 月

肶 胖 胖 胖

丿 二 千 千 禾 禾

禾 香 香

· · · · ·

Lektion 43

| 港 | gǎng | Hafen | 氵 | *Wasser* |

LEKTION 44

猪	zhū	Schwein	犭	*Hund*
肉	ròu	Fleisch	肉	*Wüste, Wildnis*
毛	máo	Haar	毛	*Haar*
斤	jīn	Pfund	斤	*Pfund*
别	bié	anderer, -e, -es; nicht (Imperativ)	刂	*Messer*
肠	cháng	Wurst	月	*Mond*

丶 氵 氵 氵 氵 洪 洪

洪 洪 港 港

━━━━━━━━━━━━━━━━━━━━━━━━

丿 夕 犭 犭 犭 狅

狆 狆 猪 猪 猪

丨 冂 内 内 肉 肉

丿 二 三 毛

丿 亻 斤 斤

丶 口 口 号 号 别 别

丿 几 月 月 肝 肠

肠 肠　　　　　　　　腸

Lektion 44

特	tè	speziell	牛	Ochse
少	shǎo	wenig	小	klein

LEKTION 45

外	wài	außen, draußen	夕	Abend
边	biān	Seite	之	*schnell gehen*
春	chūn	Frühling	夫	Nr. 130 (s.S. XXVI)
本	běn	Wurzel, Stiel	木	*Holz*

丿 𠂉 卄 牛 牛 牛

牛 牜 特 特

丿 亅 小 少

Hinweis: Beim Zeichen 毛 ist der erste Strich der Bogen nach links, dann folgen die beiden waagerechten Striche, zuletzt der Bogen nach rechts!

••

丿 夂 夕 外 外

𠃌 力 𠔏 边 边   邊

一 二 三 声 夫 表

春 春 春

一 十 才 木 本

Lektion 45

感	gǎn	fühlen, Gefühl	心	Herz
冒	mào	quellen, emporsteigen	曰	sagen
让	ràng	veranlassen	讠	Sprache
需	xū	brauchen, bedürfen	雨	Regen
实	shí	Realität, Tatsache	宀	Dach

* * * * *

一 厂 厂 厂 厉 后 后 咸

咸 咸 感 感 感

丶 冂 冂 日 旦 冒

冒 冒 冒

丶 讠 计 计 让　　　　讓

一 广 广 币 币 雨 雨

雪 雪 雪 需 需 需

丶 丷 宀 宀 宀 空

实 实　　　　　　　　實

· · · · ·

Lektion 45

| 借 | jiè | entleihen, leihen | 亻 | Mensch |

| 应 | yīng | sollen, müssen | 广 | Schutzdach |

··

LEKTION 46

Da in dieser Lektion keine neuen Vokabeln vorkommen, gehen wir direkt zur nächsten Lektion über.

··

LEKTION 47

| 属 | shǔ | gehören zu; Kategorie | 尸 | Körper |

爸	bà	Vater	父	Vater
牛	niú	Ochse, Büffel	牛	Ochse
动	dòng	bewegen	力	Kraft

丿 亻 亻 仆 仳 世

伴 借 借 借

丶 亠 广 广 广 应 應

⋯⋯⋯⋯⋯⋯⋯⋯⋯⋯⋯⋯⋯⋯⋯⋯⋯⋯⋯⋯⋯⋯⋯⋯⋯⋯⋯⋯⋯

⋯⋯⋯

⋯⋯⋯⋯⋯⋯⋯⋯⋯⋯⋯⋯⋯⋯⋯⋯⋯⋯⋯⋯⋯⋯⋯⋯⋯⋯⋯⋯⋯

⁻ ⁻ 尸 尸 尸 居 居

居 属 属 属 属

丿 八 少 父 谷 爷 爷 爸

丿 ト 仁 牛

一 二 ニ 云 动 动　　動

Lektion 47

物	wù	Sache	牛 Ochse
鼠	shǔ	Ratte	鼠 Ratte
虎	hǔ	Tiger	虍 Tiger
兔	tù	Hase	ク Messer
龙	lóng	Drache	龙 Drache
蛇	shé	Schlange	虫 Insekt
羊	yáng	Schaf	羊 Schaf

ㄴ 牛 牛 牜 物 物 物

丿 ⺁ ⺈ 勹 臼 臼 臼
臼 鼠 鼠 鼠 鼠 鼠

一 卜 上 卢 卢 虎 虎

丿 ⺈ ⺈ 兔 兔 兔
兔 兔 兔

一 ナ 尢 龙 龙　　　龍

丨 口 口 中 虫 虫 虫
虫 虵 虵 蛇

丶 丷 丷 䒑 兰 羊

Lektion 47

猴	hóu	Affe	犭	Hund
鸡	jī	Huhn	又	wieder, noch
狗	gǒu	Hund	犭	Hund

LEKTION 48

号	hào	Nummer	口	Mund
星	xīng	Stern	日	Sonne
期	qī	Periode	月	Mond
加	jiā	hinzufügen	力	Kraft

ノ ⺨ ⺨ ⺨ 犭 犴 犿 狏
狏 猴 猴 猴 猴

フ ヌ ヌ 及 鸡 鸡 鸡 雞

ノ ⺨ ⺨ 犭 犭 狗 狗 狗

‧‧

丶 口 口 몬 号　　　　號

丶 口 口 日 尸
㠯 㠯 星 星

一 十 卄 廿 甘 甚 其

其 其 期 期 期

フ 力 加 加 加

Lektion 48

坡	pō	Abhang	土	*Erde*
嗯	ǹg	mh!	口	*Mund*
准	zhǔn	genau, richtig	冫	*Eis*
分	fēn	Minute	八	*acht*
钟	zhōng	Uhr (bei Zeitangaben)	金	*Gold*

LEKTION 50

| 急 | jí | es eilig haben | 心 | *Herz* |

一 十 土 圠 圴 坤 坡 坡

丶 口 口 叶 叽 叽 咽 咽

咽 咽 嗯 嗯 嗯

丶 冫 丷 氵 氵 冫

冹 冹 冹 准　　　　　準

丿 八 分 分

丿 人 𠆢 亽 𠆢 钅

钅 钅 钟　　　　　　鐘

••

丿 𠂊 勹 刍 刍 刍

急 急 急

Lektion 50

135

糊	hú	Kleber; kleben	米	*Reis*
		konfus, verwirrt		
涂	tú	(be)streichen	氵	*Wasser*
备	bèi	vorbereiten	夂	*folgen*
堆	duī	Haufen, Stapel	土	*Erde*
送	sòng	schenken; begleiten	辶	*schnell gehen*

丶 丷 쓰 半 米 米 米 籵

籵 粘 粘 粘 糊 糊 糊

丶 冫 氵 氵 汁 冷 冷

泠 涂 涂　　　　塗

丿 夂 夊 冬 各 备

备 备　　　　　　備

一 十 土 圡 圵 圹 圹 圵

圵 堆 堆

丶 丷 쓰 兰 关 关 关

送 送

Lektion 50

| 恐 | kǒng | fürchten | 心 | Herz |

| 超 | chāo | überschrei-ten | 走 | marschieren |

Übergewicht

| 重 | zhòng | Gewicht; schwer (vgl. *chóng*, Lektion 32 | 丿 | Teil |

| 又 | yòu | wieder, noch, erneut | 又 | wieder, noch |

Hinweis: Bestimmte chinesische Zeichen können auf verschiedene Arten gelesen werden. Sie haben dann auch verschiedene Bedeutungen. Das Zeichen 重 kann

∗∗∗

LEKTION 51

| 从 | cóng | von, aus | 人 | Mensch |

一 丁 工 丑 巩 巩

巩 恐 恐 恐

一 十 土 キ キ 走 走

起 起 起 超 超

丿 亠 千 市 百 自

車 車 重

フ 又

zhòng ausgesprochen werden, was "schwer" bedeutet, und *chóng*, was "wiederholen" bedeutet. Damit keine Verwechslungen vorkommen, sollten Sie sehr sauber zwischen beiden Aussprachen unterscheiden.

••

丿 人 从 从   從

Lektion 51

图	tú	Bild, Zeichnung	口	*Umzäunung*
干	gàn	machen	二	*zwei*
嘛	má	(Partikel)	口	*Mund*
词	cí	Wort	讠	*Sprache*
典	diǎn	Standardwerk	八	*acht*
科	kē	Wissensgebiet	禾	*Getreide*
技	jì	Fähigkeit, Können	扌	*Hand*

科技 Naturwissenschaft und Technik

丨 门 闪 冈 冈

図 図 图　　　　　圖

一 二 干　　　　　幹

丶 口 口 口 吖 吖 吖

呀 呀 咻 啋 喕 喕 嘛

丶 讠 订 讠 词 词 词 詞

丶 冂 曰 曲 曲 典 典 典

丿 二 千 千 禾 禾

秆 秆 科

一 寸 扌 扩 扑 扙 技

Lektion 51

版	bǎn	Auflage	片 Brett
而	ér	und / außerdem	而 anheften
且	qiě	sogar	一 eins
印	yìn	drucken	卩 Siegel setzen
万	wàn	10.000	一 eins
咱	zán	wir	口 Mund

Hinweis: Das Zeichen 干 kann auf zwei Arten gelesen werden: *gàn* "machen" und *gān* "trocken". Dieses Zeichen wurde im Zuge der Schriftreform vereinfacht. Die beiden Langzeichen sind verschieden (s. Lekt. 93).

••

LEKTION 52

视	shì	(an)sehen	礻 verehren

丿 丿' 广 片 片 片 版 版

一 丁 丆 丙 丙 而

丨 刂 冂 月 目 且

丿 𠂆 𠃍 㔾 印

一 丆 万 萬

丨 冂 口 口' 叮 叻 呐

呐 咱 嗒

Die Langzeichen finden Sie jeweils ganz rechts am Ende der Zeile im Anschluß an die Strichfolge für ein Zeichen.

∗∗∗

丶 ⼀ 才 衤 礻 視

礻 视 视

Lektion 52

趣	qù	Interesse, Vorliebe	走	*marschieren*
木	mù	Holz	木	*Holz*
偶	ǒu	Marionette	亻	*Mensch*
相	xiàng	Aussehen, Äußeres / komischer Dialog	木	*Holz*
声	shēng	Stimme, Laut	士	*Gelehrter*
周	zhōu	(Name); Woche	冂	*Wüste, Wildnis*
更	gèng	mehr (Komparativ)	一	*eins*

一 十 土 キ キ 走 走 走

起 起 起 起 起 趣 趣

一 十 才 木

丿 亻 个 们 但 但 俚

偶 偶 偶

一 十 才 木 村 村

枂 相 相

一 十 士 吉 吉 吉 声 聲

丿 门 冂 冃 用 用 周 周

一 丆 厉 百 百 更 更

Lektion 52

节	jié	Feiertag, Fest	艹	*Gras*
		Programm		
目	mù	Auge	目	*Auge*
首	shǒu	Haupt	⌄	*acht*
但	dàn	aber	亻	*Mensch*
哎	āi	He!	口	*Mund*
侯	hóu	(Name); Fürst	亻	*Mensch*
林	lín	(Name); Wald	木	*Holz*

Hinweis: Verwechseln Sie nicht den Familiennamen 侯 *Hóu* mit dem Zeichen 候 *hóu* aus 时候 *shíhou* "Zeit". Im

一 十 艹 艻 节　　節

丨 冂 月 月 目

丶 丷 䒑 䒑 芐 肖

肖 首

丿 亻 仈 们 伯 但

丨 口 口 口 叶 叶 吵 哎

丿 亻 亻 仁 仁 仸

仸 伝 倭 候

一 十 才 木 朾 朾 材 林

Namen *Hóu* fehlt der kleine senkrechte Strich rechts neben dem Radikal "Mensch".

Lektion 52

郭	guō	(Name); Stadtmauer	阝	Stadt
启	qǐ	(Name); öffnen	户	Tür
儒	rú	(Name); Konfuzianische Schule	亻	Mensch

****

LEKTION 53

辉	huī	(Name); Glanz	光	Licht
名	míng	Name	夕	Abend
乡	xiāng	Heimat; Gemeinde	乡	Nr. 227 (s.S. XXVI)
孙	sūn	(Name); Enkel	子	Sohn

、 亠 六 亠 古 亨

亨 享 郭 郭

、 ㅜ 宁 户 户 启 启 啟

丿 亻 亻 亻 伵 佈 佈

儒 儒 儒 儒 儒 儒 儒

• •

丨 丨 丬 业 少 光 光

光 光 耂 辉 輝　輝 輝

丿 ク 夕 夕 名 名

乚 幺 纟　　　　鄉

フ 了 子 孑 孙　　孫

Lektion 53

LEKTION 54

华	huá	China ⎫	十	*zehn*
		Auslandschinese		
侨	qiáo	im Ausland leben ⎭	亻	*Mensch*
差	chà	fehlen	羊	*Schaf*
每	měi	jeder, -e, -es	冖	*bedecken*
锅	guō	Topf	钅	*Metall*
贴	tiē	kleben	贝	*Muschel*

丿 亻 仏 化 伙 华　　華

丿 亻 伥 仁 仟 佚 侨
侨　　　　　　　僑

丶 丷 ⺍ 兰 兰
羊 羌 莠 差

丿 ┌ 乇 勹 每 每 每
丿 ⼈ 乍 乍 钅 钅 钉
钉 钌 钌 锅 锅　　鍋
丨 冂 贝 贝 贝 𫠊
贮 贴 贴　　　　　貼

Lektion 54

zhēng   dämpfen   艹   *Gras*

LEKTION 55

 xīn   Herz   心   *Herz*

 xiōng   Bruder   口   *Mund*

 ná   nehmen   手   *Hand*

 jí   reichen bis; s. erstrecken   ノ   *Teil*

 jiǎn   untersuchen, prüfen   木   *Holz*

一 十 廾 艾 苎 芗

芗 苤 莁 莁 莁 蒸 蒸

∙∙∙

丿 ㇆ 心 心

丨 冂 口 兄 兄

丿 人 𠆢 亼 合 合

令 亽 佥 拿

丿 𠃑 乃 反

一 十 才 木 札 朳 松

松 检 检 检　　　　　檢

Lektion 55

查	chá	prüfen	木	*Holz*
皮	pí	Haut	皮	*Haut*
箱	xiāng	Kiste; Koffer	竹	*Bambus*
危	wēi	gefährlich; Gefahr	𠂊	*Messer*
险	xiǎn	Gefahr, Risiko	阝	*Hügel*
偷	tōu	stehlen	亻	*Mensch*

一 十 才 木 朩 杳 杳

杳 查

⼀ 厂 疒 皮 皮

丿 丨 ⺅ ⺊ ⺮ 竹 竹

⺮ 筇 筇 筘 筘 筘 箱

丿 勹 ⼂ 户 危 危

㇇ 阝 阝 队 险 险 险

险 险　　　　　　　险

丿 亻 亻 亻 价 价 价

偷 偷 偷 偷

Lektion 55

注	zhù	konzentrieren, richten auf	氵	*Wasser*
护	hù	(be)schützen	扌	*Hand*
照	zhào	scheinen, leuchten	灬	*Feuer*
赶	gǎn	einholen	走	*marschieren*

Hinweis: Der Radikal 阝 kann auf der linken und auf der rechten Seite eines Zeichens vorkommen. Steht der Ra-

* * *

LEKTION 57

些	xiē	einige	二	*zwei*
楼	lóu	Etage	木	*Holz*

丶 氵 氵 氵 氵 沪 注 注

一 十 扌 扌 扩 护 护 護

丨 冂 月 日 日 日 昭 照

一 十 土 土 キ 卡 耂

走 走 赴 赶　　趕

dikal links, bedeutet er "Hügel" (Langzeichen 阜), steht er rechts, bedeutet er "Stadt" (Langzeichen 邑).

∙∙

丨 卜 止 止 此 此 些 些

一 十 才 木 术 木' 朴 林

栐 棤 楼 楼 楼　　樓

Lektion 57

梦	mèng	Traum	夕	Abend
篇	piān	(Zähleinheitswort); Aufsatz, Schrift	竹	Bambus
鲁	lǔ	(Name); grob, roh	鱼	Fisch
迅	xùn	schnell	辶	*schnell gehen*
品	pǐn	Sache, Produkt, Ware	口	Mund

· · · · ·

一 十 才 木 木 村 材 林

林 梦 梦　　　　夢

丿 ト 々 ヶ 朴 竹 竹 竺

竺 竺 竺 笃 笃 篇 篇

丿 ク ク 台 负 角 缶

鱼 宜 鲁 鲁 鲁

乙 几 丸 讯 讯 迅

丶 口 口 品 品 品 品

品 品

・・・・・

Lektion 57

| 赵 | zhào | (Name) | 走 | marschieren |

| 树 | shù | Baum | 木 | Holz |

| 理 | lǐ | Recht, Vernunft, Wahrheit | 王 | Herrscher |

······································

LEKTION 58

| 戴 | dài | tragen, anziehen | | Nr. 165 (s.S. XXVII) |

一 十 土 キ 卡 走

走 赵 赵　　　　　趙

一 十 才 木 木 木

杧 树 树　　　　　樹

一 二 干 王 玉 玌 玴

珇 珇 理 理

••

一 十 土 士 吉 吉 吉 吉

壹 壴 壴 童 壴 賣

戴 戴 戴

Lektion 58

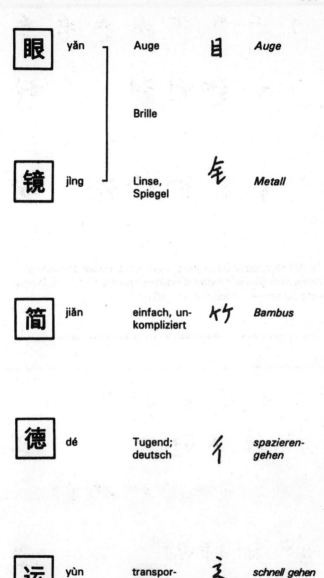

丨 刂 月 月 目 目＾

目＾ 目＾ 眼 眼 眼

丿 卜 上 乍 钅 钅＾

钅 钅 钌 铲 铲 镜

镜 镜 镜 镜　　　鏡

丿 卜 ㇿ 𠂉 𠂉 竹 竹

竹 笁 筲 简 简 简　　簡

丿 丿 亻 彳 彳 彳 彳

德 德 德 德 德 德

一 二 元 云 会 运 运 運

气	qì	Luft, Atem	气	*Dampf*
母	mǔ	Mutter	一	*eins*

* * *

LEKTION 59

往	wǎng	nach, auf...zu	彳	*spazieren- gehen*
拐	guǎi	(ein)biegen, umkehren	扌	*Hand*
山	shān	Berg	山	*Berg*
街	jiē	Straße	彳	*spazieren- gehen*

′ ⌒ 匕 气　　　氣

乚 口 母 母 母 母

Hinweis: Haben Sie bemerkt, daß das Schriftzeichen 海 *hǎi* "Meer" das Schriftzeichen 母 *mù* "Mutter" enthält?

••

′ ″ 彳 彳′ 彳″ 彳亡 往

一 十 扌 扌 扌′ 扌″ 扚

拐

｜ 凵 山

′ ″ 彳 彳′ 彳丨 彳十 佳

佳 佳 佳丶 街＝ 街

Lektion 59

平	píng	platt, eben	一	*eins*
直	zhí	gerade, senkrecht	十	*zehn*
租	zū	mieten	禾	*Getreide*
着	zhe, zháo	(Suffix)	羊	*Schaf*
玩	wán	spielen	王	*Herrscher*
笑	xiào	lachen	竹	*Bambus*

* * * * *

一 丆 丆 平 平

一 十 ナ 方 冇 有 有 直

丿 二 千 千 禾 利 利

利 租 租

丶 丷 丷 丬 兰 羊

羊 差 着 着 着

一 二 于 王 王 玗 玩 玩

丿 ㇄ 乍 竹 竹 竹 竹

竺 竿 笑

Hinweis: Das Zeichen 着, ein Suffix, der die Verlaufsform anzeigt, spricht sich *zhe*. Das Zeichen existiert außerdem noch mit den folgenden Aussprachen und Bedeutungen: *zhāo* "Schachzug, Trick"; *zháo* "berühren, erleiden"; *zhuó* "sich anziehen, anlegen".

Lektion 59

| 挺 | tǐng | sehr, äußerst | 扌 | Hand |

LEKTION 60

酒	jiǔ	Alkohol	氵	Wasser
井	jǐng	Brunnen	二	zwei
绿	lǜ	grün	纟	Seide
茉	mò	⎫	⺾	Gras
		Jasmin		
莉	lì	⎭	⺾	Gras

一 寸 扌 扩 扩 托 托

挺 挺

··

丶 氵 氵 汀 汀 汀

沔 沔 洒 洒 酒

一 二 耂 井

𠃋 纟 纟 纟 纟 红

纩 绂 绿 绿　　　　綠

一 十 艹 艹 艹 芏 茉 茉

一 十 艹 艹 芏

芋 芧 茉 莉 莉

Lektion 60

糖	táng	Zucker	米	*Reis*
般	bān	Sorte, Art	舟	*Boot*
茅	máo	Alang-Alang-Gras	艹	*Gras*
		Maotai-Schnaps		
台	tái	Podest, Tribüne	厶	*privat*
倒	dào	eigentlich	亻	*Mensch*
谓	wèi	sagen, nennen, heißen	讠	*Sprache*

、 丷 ⺍ 半 半 米 籵 籵
籵 籵 籵 粐 糖 糖 糖 糖
⺈ 彳 凢 月 舟 舟
舟 舩 舩 般
一 十 卄 艹 艹 苎 芧 茅

ㄥ 厶 厷 台 台
丿 亻 仁 仁 仵
仵 仴 倳 倒 倒
、 讠 让 让 讱 讱 训
评 谓 谓 谓　　　謂

Lektion 60

| 醉 | zuì | betrunken | 酉 | *Amphore* |

LEKTION 61

使	shǐ	Gesandter	亻	*Mensch*
转	zhuǎn	weitergeben	车	*Wagen*
遍	biàn	mal	辶	*schnell gehen*

Hinweis: Im Zeichen 转 erkennen Sie auf der rechten Seite das phonetische Element 专, das *zhuān* ausgesprochen wird.

一 厂 厂 丙 丙 酉 酉 酉

酉 酉 醉 醉 醉 醉 醉

••

丿 亻 仁 仁 佢 佢 俥 使

一 士 车 车 车 车=

轩 转 转　　　　　　　轉

丶 亠 亠 户 户 扃 扃

扃 扃 扁 谝 遍

Ebenso finden wir im Zeichen 遍 den Bestandteil 扁, der auch im Zeichen 篇 vorkommt, und *piān* oder *biǎn* ausgesprochen wird.

Lektion 61

LEKTION 62

附	fù	hinzufügen	阝	*Hügel*
婆	pó	ältere Frau	女	*Frau*
豆	dòu	(Soja-)Bohne	豆	*Sojabohne*
腐	fǔ	verfaulen	广	*Schutzdach*
辣	là	scharf	辛	*bitter*
馄	hún	Fleischtasche	饣	*essen*

了 阝 阝 阡 阡 附 附

丶 冫 氵 氵'' 沪 沪 波

波 波 婆 婆

一 丆 丆 百 冃 豆 豆

丶 亠 广 广 庁 庁 府 府

府 腐 腐 腐 腐 腐

丶 二 亠 立 立 辛 辛

辛 辛 辛 辣 辣 辣

丿 勹 乞 饣 饣 饣 饣

饨 饨 馄 馄　　　馄

Lektion 62

| 饨 | tún | | 乞 | *essen* |

| 骨 | gǔ | Knochen | 骨 | *Knochen* |

LEKTION 64

| 古 | gǔ | Altertum, Antike | 十 | *zehn* |

| 留 | liú | bleiben, lassen | 田 | *Feld* |

| 康 | kāng | Gesundheit | 广 | *Schutzdach* |

丿 𠂊 饣 饣 饣 饣

饨 　　　　　　　　　　　饨

丶 冂 冂 冃 冎 咼

骨 骨 骨 骨

Hinweis: Die Silben 馄 *hún* und 饨 *tún* alleine haben keine Bedeutung. Es gibt sie nur in der Kombination *Húntún* - Suppe mit gekochten Fleischtäschchen.

★★

一 十 十 古 古

丿 厶 幻 幻 幻

留 留 留 留

丶 亠 广 广 户 庐

庚 庚 康 康

Lektion 64

将	jiāng	werden, wollen	丬	*Holz*
义	yì	Gerechtigkeit	乂	*Nr. 25 (s.S. XXVI)*
游	yóu	bereisen, schwimmen	氵	*Wasser*
浒	hǔ	Wasserkante	氵	*Wasser*
传	zhuàn	historischer Roman	亻	*Mensch*
津	jīn	Furt, Fähre	氵	*Wasser*

、 丬 扌 扩 䐴 将

将 将　　　　　將

丿 乂 义　　　　　義

丶 冫 氵 汸 汸 汸

汸 汸 游 游 游 游

丶 冫 氵 氵 汁 汁

汫 泮 浙　　　　　漸

丿 亻 仁 仁 仲 传 传 傳

丶 冫 氵 氵 沪 沪 津 津

津

Lektion 64

LEKTION 65

柴	chái	Brennholz	木	*Holz*
支	zhī	(Zähleinheitswort)	十	*zehn*
圆	yuán	rund	口	*Umzäunung*
珠	zhū	Perle	王	*Herrscher*
民	mín	Volk	氏	*Familie*
光	guāng	Licht	光	*Licht*

丨 卜 丨ヒ 止 此

此 些 此 紫 柴

一 十 㞢 支

丨 冂 冂 冋 同 同
同 冏 圎 圓　　　圓

一 二 于 王 玉

王丶 珜 玝 珠 珠

㇇ ⊓ ⼧ 民 民

丨 丨丶 小 ⺌ 少 光

Hinweis: Fügt man dem Zeichen 王 "Herrscher, König" noch einen Punkt rechts unten hinzu, erhält man das Zeichen 玉 "Jade" (yù). Das ursprüngliche Piktogramm läßt drei an einer Schnur zusammengebundene Jadestücke erkennen.

Lektion 65

播	bō	senden	扌 *Hand*

LEKTION 66

咖	kā	⎱ Kaffee	口 *Mund*
啡	fēi	⎰	口 *Mund*
头	tóu	Kopf	大 *groß*
躺	tǎng	sich hinlegen	身 *Körper*
床	chuáng	Bett	广 *Schutzdach*

一 寸 才 扌 扩 扩 护 抒

拝 採 採 播 播 播 播

・・

丶 口 口 叻 叻

叻 咖 咖

丶 口 口 叻 叻 吖

吖 啡 啡 啡 啡

丶 二 三 头 头　　　頭

丿 亻 勹 勽 身 身 身

躬 躬 躺 躺 躺 躺 躺

丶 二 广 广 庁 庄 床

Lektion 66

LEKTION 67

风	fēng	Wind	风	Wind	
哇	wa	(Ausruf)	口	Mund	
划	huá	rudern	戈	Hellebarde	
船	chuán	Boot	舟	Barke	
泳	yǒng	schwimmen	氵	Wasser	
熊	xióng	Bär	灬	Feuer	

丿 凡 风 凤　　　　風

丨 冂 口 口⁻ 叶 吐
咁 咔 哇

一 弋 弋 戈 戈` 划　　劃

丿 亻 片 片 舟 舟
舟 舢 舩 船 船

丶 冫 氵 汀 汀
泳 泳 泳

厶 厶 亇 甪 自 自 能
能 能 能 熊 熊 熊

Lektion 67

LEKTION 68

 gù alt　　　攵 *schlagen*

 gōng Palast　　　宀 *Dach*

 yí sich gesund halten　　　页 *Kopf*

 líng Grab(anlage)　　　 *Hügel*

 guàng spazierengehen, bummeln　　　 *schnell gehen*

一 十 十 古 古

古 古 故 故

丶 丷 冂 宀 宀 宀

宀 宁 宫 宫

一 厂 厂 厂 匠 匠 匠

臣 臣 臣 匝 颐 颐 颐

㇆ 阝 阝 阡 阣 阣

阣 陟 陆 陟 陵

丿 夂 犭 犭 犭 狂

狂 狂 逛 逛

Lektion 68

| 寄 | jì | schicken, senden | 宀 | Dach |

| 唉 | ài | Ach! | 口 | Mund |

··

LEKTION 69

| 或 | huò | oder | 戈 | Hellebarde |

| 湾 | wān | Bucht, Flußbiegung; Golf | 氵 | Wasser |

| 之 | zhī | (Bestimmungswort) | 丶 | Punkt |

| 叔 | shū | Onkel | 又 | wieder, noch |

、宀 宀 宀 宇 宊
宊 宑 客 客 寄

丶 口 口 吖 吖

吖 吆 唉 唉

Hinweis: Vorsicht beim linken Teil des Zeichens 頤! Es schreibt sich 𦣝, nicht 臣! Beide Varianten existieren!

∗∗∗

一 厂 石 石 豆 𢦒 或 或

丶 冫 氵 氵 氵 汁

汁 汁 泺 浉 濟 湾　灣

丶 亠 之

丨 卜 上 𠂉 𠂊 朩 𣎳 叔

Lektion 69

阿	ā	(Präfix)	阝	*Hügel*
姨	yí	Tante	女	*Frau*
爷	yé	Großvater	父	*Vater*
普	pǔ	allgemein, universal	日	*Sonne*

••

LEKTION 71

| 副 | fù | stellvertretend, Vize- | 刂 | *Messer* |
| 程 | chéng | Regel, Vorschrift | 禾 | *Getreide* |

阝 阝 阡 阿 阿 阿

乚 ㄨ 女 女 妈 妈
妈 姨 姨

丿 八 父 父 爷　爺

丶 丷 䒑 䒑 䒑 䒑
並 㐁 普 普 普

••

一 丆 万 百 畐 畐
畐 畐 副 副

丿 二 千 千 禾 禾 和
和 积 程 程 程

Lektion 71

| 委 | wěi | jdn. beauftragen | 禾 | Getreide |
| 讨 | tǎo | diskutieren | 讠 | Sprache |

diskutieren

| 论 | lùn | besprechen | 讠 | Sprache |

Sehen Sie sich besonders die Zeichen an, die gleich ausgesprochen werden. In diesem Buch stellen wir Ihnen z.B. zehn verschiedene *fu* vor, davon allein sieben im vierten Ton: *fù*.

****

LEKTION 72

| 继 | jì | fortsetzen | 纟 | Seide |

fortsetzen

| 续 | xù | fortsetzen, fortfahren | 纟 | Seide |

ノ 二 千 千 禾 乔 委 委

丶 讠 讠 计 讨　　討

丶 讠 讠 认 论 论　　論

Im Wortschatzverzeichnis sind diese sogenannten Homophone jeweils hintereinander aufgelistet, um Ihnen eine bessere Übersicht zu geben.

●●●

乚 乞 纟 纟 纠 纠
绊 绊 绊 继　　繼

乚 乞 纟 纟 针 纺 纺
纺 绊 绔 续　　續

Lektion 72

zī Geld, Kosten 贝 *Muschel*

 pián bequem, günstig 亻 *Mensch*

Hinweis: Hier haben wir wieder ein Zeichen, für das es zwei Aussprachen und auch zwei Bedeutungen gibt: 便

****

LEKTION 73

 shì Raum, Zimmer 宀 *Dach*

 měi schön 羊 *Schaf*

 pài schicken, ernennen 氵 *Wasser*

、 冫 氵 冫 次 次

次 咨 資 资   資

丿 亻 亻 仃 佢 佢

佢 便 便

Man kann es *pián* oder *biàn* aussprechen - je nach Kontext oder Wortzusammensetzung.

••

、 丶 宀 宀 宀

宀 宀 室 室

、 丷 丷 丷 ⺷ 兰 美 美

、 冫 氵 氵 氵

氵 沂 派 派

LEKTION 74

条	tiáo	(Zähleinheitswort)	夂	*folgen*
页	yè	Buchseite, Blatt	页	*Kopf*
行	háng	Linie, Reihe	彳	*spazierengehen*
建	jiàn	beantragen, vorschlagen	廴	*gehen*
议	yì	Vorschlag, Meinung	讠	*Sprache*
至	zhì	erreichen; bis nach	至	*erreichen*
须	xū	müssen	彡	*Bart*
领	lǐng	führen, leiten	页	*Kopf*

丿 夕 夂 冬 㐁 夅 条 條

一 丆 了 丙 页 页　　頁

丿 彳 彳 仁 仁 行

フ ヨ ヨ 彐 聿 聿 津 建

丶 亠 订 议 议　　議

一 工 云 云 至 至

丿 彡 彡 纟 纟 纻

纻 须 须　　　　須

丿 亻 卜 今 令 令 令

邻 领 领 领　　　　領

Lektion 74

导	dǎo	führen, leiten	巳	*persönlich*
示	shì	zeigen	示	*zeigen*
答	dá	antworten	竹	*Bambus*

Hinweis: Für den Radikal 辶, z.B. im Zeichen 建, gibt es zwei Varianten, mit und ohne Punkt: 辶 und 辶.

Das Zeichen 建 wird gelegentlich folgendermaßen vereinfacht: 迬

****

LEKTION 75

团	tuán	Gruppe	口	*Umzäunung*
务	wù	Angelegenheit, Sache	攵	*folgen*
赞	zàn	helfen, unterstützen	贝	*Muschel*

フ コ 巳 日 导 㝵 導

一 二 亍 亓 示

丿 𠂉 ⺮ ⺮ ⺮ ⺮ 竹 𥫗 笅 笅 答 答

Hinweis: Das Zeichen 行 hat ebenfalls - je nach Kontext oder Wortzusammensetzung - zwei Lesarten und zwei Bedeutungen: *xíng* und *háng*.

* *

丨 冂 冋 用 闭 团 團

丿 夕 夂 冬 务 務

丿 𠂉 卝 止 步 先 先 先 先 先 先 先 先 先 先

赞 赞 贊

Lektion 75

流	liú	fließen	氵	*Wasser*
利	lì	Vorteil, Gewinn; Nutzen	禾	*Getreide*
随	suí	nach Belieben	阝	*Hügel*
谦	qiān	bescheiden	讠	*Sprache*
虚	xū	bescheiden	虍	*Tiger*

谦 und 虚 bilden zusammen: bescheiden

••

LEKTION 76

访	fǎng	besuchen	讠	*Sprache*

丶 冫 氵 汁 浐 泞
泞 泸 济 流

丿 二 千 才 禾 利 利

阝 阝 阝 阝 阣 防

陏 陏 陏 陏 随 随　　随

丶 讠 讠 讠 讠 诤
诤 诤 谦 谦 谦 谦　　謙

丨 卜 上 卢 卢 虍
虍 虎 虎 虎 虛

丶 讠 讠 讠 访 访　　訪

Lektion 76

招	zhāo	winken	扌	Hand
待	dài	empfangen; (er)warten	彳	spazierengehen
考	kǎo	Prüfung	耂	alt
纪	jì	Aufzeichnung	纟	Seide
双	shuāng	doppelt; Paar	又	wieder, noch
签	qiān	unterzeichnen	竹	Bambus
离	lí	entfernt, weit	亠	schützen

一 寸 才 扌 扪 招 招 招

丿 ㇏ 亻 仁 什
仕 往 待 待

一 十 土 耂 耂 考

㇖ 幺 纟 纟 纪 纪　　紀

㇇ 又 汉 双　　　　　　雙

丿 ㇑ 𠂉 𠂉 竹 竹 竹

竹 竿 笞 答 签 签　　　簽

丶 亠 亡 文 立 㐭

产 离 离 离　　　　　　離

Lektion 76

| 任 | rèn | Position, Aufgabe | 亻 | Mensch |

LEKTION 78

| 扎 | zhā | stechen | 扌 | Hand |

Akupunkturnadel einstechen

针	zhēn	Nadel	钅	Metall
疼	téng	wehtun; Schmerzen	疒	Krankheit
灸	jiǔ	Moxenbehandlung	火	Feuer
效	xiào	Effekt, Wirkung	攵	schlagen

丿 亻 仁 仁 仔 任

・・

一 十 扌 扎

丿 卜 ヒ 仨 牟 钅 针 針

、 亠 广 疒 疒 疒 疖

疲 疲 疼

丿 ク 久 冬 夅 夅 灸

、 亠 六 六 亣 交

㚈 効 効 效

Lektion 78

| 试 | shì | probieren, testen | 讠 | Sprache |

伯	bó	Onkel	亻	Mensch
医	yī	Medizin	匚	Koffer
于	yú	in, im	二	zwei

Hinweis: Mit 针灸 ist die Akupunktur und die Kauterisation (Gewebszerstörung durch Brenn- oder Ätzmittel) gemeint, auch Moxenbehandlung genannt.

****

LEKTION 79

片	piàn	Scheibe	片	Brett
拖	tuō	ziehen	扌	Hand
拉	lā	ziehen, schleppen	扌	Hand

****

丶 讠 讠 讠 试

讠 试 试　　　　　　試

丿 亻 亻 们 伯 伯

一 匚 匚 匚 匚 匞 医 醫

一 二 于　　　　　　　於

Der Begriff **扎针** beschreibt nur die Akupunktur. Hierbei werden feine Nadeln an bestimmten Körperstellen in die Haut gestochen, um den Patienten zu betäuben, von bestimmten Leiden zu heilen oder schmerzfrei zu machen.

••

丿 丿 片 片 片

一 寸 扌 扌 扑 扡 扡 拖

一 寸 扌 扌 扌 扌 拉 拉

••

Lektion 79

LEKTION 80

闷	mēn	stickig	门 Tür
潮	cháo	feucht, naß	氵 Wasser
湿	shī	feucht, naß	氵 Wasser
秋	qiū	Herbst	禾 Getreide
冬	dōng	Winter	夂 folgen
度	dù	Grad	广 Schutzdach

Hinweis: Manche Zeichen sind schon von der Zusammensetzung her sehr vielsagend: z.B. das Zeichen 国 *guó* "Land": hier finden wir den Herrscher (bzw. die Ja-

丶 冂 门 冂 冈 冈 冈 問

丶 冫 冫 汁 汁 沽 沽

沽 渲 渲 潼 潮 潮 潮

丶 冫 冫 氵 氿 汩 汩

汩 浔 浔 浔 湿 　　濕

丿 二 千 千 禾

禾 利 秌 秋

丿 夂 夂 冬 冬

丶 亠 广 户 庐

庐 庐 庨 度

de) in einer festgelegten Grenze. Oder 秋 "Herbst", die Jahreszeit, in der das "Getreide" 禾 die Farbe des "Feuers" 火 annimmt.

Lektion 79

209

受	shòu	erleiden, ertragen	⺥	*Kralle*
了	liǎo	beenden, vollenden (siehe *le*, Lektion 16)	⼁	*Sichel*
夏	xià	Sommer	夊	*folgen*

Hinweis: Verwechseln Sie nicht die Radikale 夊 "folgen", 攵 "schlagen" und 夂 "sich hinschleppen". Bei "folgen" ist der letzte Strich relativ kurz und leicht nach

****

LEKTION 81

| 棋 | qí | Schach, Brettspiel | 木 | *Holz* |
| 盘 | pán | Partie; Platte, Teller | 舟 | *Barke* |

爫 爫 爫 爫 受 受

了 了

一 丆 丆 百 百 百

百 百 夏 夏

oben gebogen, bei "schlagen" handelt es sich um vier getrennte Striche und bei "sich hinschleppen" durchläuft der letzte Strich die anderen auf der linken Seite.

∗∗∗

一 十 才 木 朼 杜 柑 柑

柑 植 棋 棋　　　碁

丿 ㇏ 丹 舟 舟 舟

舟 舟 舟 舟 盤　　　盤

Lektion 81

围	wéi	umgeben, einschließen	口	*Umzäunung*
耐	nài	ertragen, aushalten; geduldig	而	*anheften*
性	xìng	Charakter, Natur	小	*Herz*

··

LEKTION 82

航	háng	Boot	舟	*Barke*
量	liàng	Menge	日	*Sonne*

··

丨 冂 冂 冃 冐 围 囼 圍

フ 厂 丙 而 而 耐 耐

丨 丨 小 忄 忙 忙 性 性

∙∙∙

丿 亻 丬 月 舟 舟

舟 舩 舩 航

丶 冂 日 日 旦 旱 昌

昌 昌 量 量 量

Hinweis: Verwechseln Sie nicht den Radikal "Sonne" 日 mit dem Radikal "sagen" 曰 ! Letzterer ist etwas flacher und breiter.

∙∙∙

Lektion 82

LEKTION 83

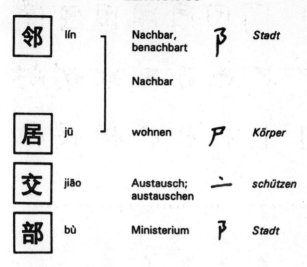

邻	lín	Nachbar, benachbart / Nachbar	阝	Stadt
居	jū	wohnen	尸	Körper
交	jiāo	Austausch; austauschen	亠	schützen
部	bù	Ministerium	阝	Stadt

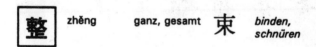

| 整 | zhěng | ganz, gesamt | 束 | binden, schnüren |

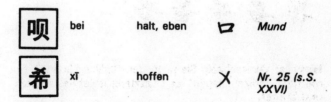

| 呗 | bei | halt, eben | 口 | Mund |
| 希 | xī | hoffen | ㄨ | Nr. 25 (s.S. XXVI) |

丿 亻 亽 今 仒 令3 邻 鄰

一 コ 尸 尸 尸 尸 居 居

丶 二 亠 六 亦 交

丶 二 亠 亣 立 产

咅 音 咅3 部

一 匚 丏 曰 申 亩 束 剌

敕 敕 敕 赵 敕 敕 敕 整

丨 冂 口 叭 叭 呗 呗 唄

丿 乂 㐅 羊 羊 希 希

Lektion 83

wàng hoffen, erwarten 月 *Mond*

LEKTION 85

 tíng anhalten 亻 *Mensch*

LEKTION 86

 bān umziehen   *Hand*

 jiāo Vorstadt   *Stadt*

 qū Bezirk 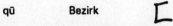 *Koffer*

丶 亠 亡 讠 让 讱 讯

讯 谄 望 望

··

丿 亻 亻 仁 仁 仨

仨 仨 佇 停 停

··

一 十 扌 扩 扩 扔 扔 拥

拥 拥 搦 搬 搬

丶 亠 亠 六 亣 交 乡3 郊

一 匚 匚 区 區

Lektion 86

院	yuàn	Anstalt; Institut	阝	Hügel
石	shí	Stein	石	Stein
油	yóu	Erdöl / Öl	氵	Wasser
管	guǎn	verwalten	竹	Bambus

LEKTION 87

银	yín	Silber	金	Metall
府	fǔ	Wohnsitz, Residenz	广	Schutzdach

阝 阝 阝 阝 阝

阝 阝 阝 院

一 丁 ア 石 石

丶 冫 氵 氵 汁 汩 油 油

丿 ト 占 灬 竹 竹 竹

竹 竹 笁 笁 管 管

• •

丿 ト ト 钅 钅 钉

钉 钉 银 银 银　　　银

丶 二 广 广 广 庁 府 府

Lektion 87

LEKTION 88

身	shēn	Körper	身	*Körper*
体	tǐ	Körper	亻	*Mensch*
向	xiàng	Richtung, in Richtung auf	丿	*Teil*
祝	zhù	wünschen	礻	*verehren*
乐	lè	Freude	丿	*Teil*

****

LEKTION 89

沟	gōu	Graben, Kanal	氵	*Wasser*
耳	ěr	Ohr	耳	*Ohr*

丿 亻 ㇀ 自 自 身

丿 亻 亻 什 什 休 体 體

丿 亻 冂 向 向 向

丶 ㇀ ㇇ ネ 衤

初 初 初 祝

丿 亻 ⌐ 乎 乎 乐　　樂

••

丶 冫 氵 氵 沟

沟 沟　　　　　　　　溝

一 丁 丌 丌 耳 耳

Lektion 89

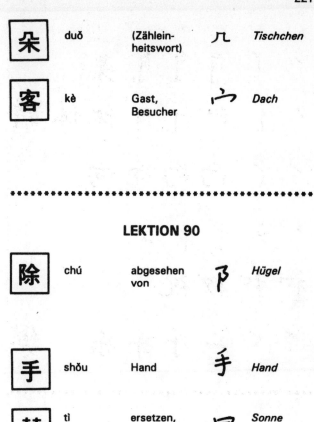

LEKTION 90

Hinweis: Den Radikal ß "Hügel" finden wir in den im Chinesischen so wichtigen Begriffen *yīn* 阴 und *yáng* 阳, wobei bei *yīn*, das für Kälte, Mond, das Passive, das Weibliche, Nacht und Dunkel steht, auf der rechten Seite der Mond steht, und bei *yáng*, das die Sonne, die

丿 几 凡 朵 朵 朵　朵

丶 丶 宀 宀 宀 宀

宓 宓 客

⁂

3 阝 阝 队 队

阡 阡 除 除

丿 二 三 手

一 二 夫 夫 夫⁻ 夫⁼ 夫丿

替 替 替 替 替

Wärme, das Männliche, den Tag, den Süden, das Aktive repräsentiert, auf der rechten Seite die Sonne steht (s. a. L. 103). Achtung: Der gleiche Radikal, allerdings auf der rechten Seite eines Zeichens, bedeutet "Stadt".

Lektion 90

LEKTION 92

迟	chí	verspätet	辶	*schnell gehen*
扰	rǎo	stören, belästigen	扌	*Hand*

●●

LEKTION 93

杯	bēi	Tasse, Glas	木	*Holz*
谊	yì	Freundschaft	讠	*Sprache*
健	jiàn	gesund, stark	亻	*Mensch*

フ コ ア 尺 ˋ尺 识 迟 遲

一 寸 扌 扩 扑 执 扰 擾

••••••••••••••••••••••••••••

一 十 才 木 朷

朷 杯 杯　　　　　盃

丶 讠 讠 讠 访 访

访 访 谊 谊　　　　誼

丿 亻 亻 亻 伫 伫

伫 律 健 健

Lektion 93

顺	shùn	günstig	页	*Kopf*
干	gān	trocken (s. *gàn*, Lektion 51)	干	*verletzen*
功	gōng	Leistung, Erfolg	工	*Arbeit*

LEKTION 94

其	qí	sein, ihr	八	*acht*
忽	hū	plötzlich	心	*Herz*
窗	chuāng	Fenster	穴	*Höhle, Loch*
户	hù	Familie, Haushalt	户	*Tür*

丿 丿丨 川 川ノ 川ノ

川ノ川ノ順 　　　　　順

一 二 干 　　　　　　乾

一 丁 工 巧 功

••

一 十 廾 廿 甘 苴 其 其

丿 勹 勿 勿 忽 忽 忽

丶 宀 宀 宀 穴 穴

宀 穷 宆 窎 窗 窗 　　窗

丶 亠 彐 戶

Lektion 94

••

LEKTION 95

Da in dieser Lektion keine neuen Vokabeln vorkommen, gehen wir direkt zur nächsten Lektion über.

••

一 二 三 丰 邦 邦

邦 帮 帮　　　　　　幫

丨 冂 月 月 且 助 助

丿 ㄆ 夂 処 处　　　處

一 ㄥ 三 丰　　　　　豐

丶 丶 宀 宀 宀 宀

宀 宀 宮 宮 富

Hinweis: Geben Sie acht auf Zeichen mit großer Ähnlichkeit, z.B. 处 *chù* - 外 *wài* und 户 *hù* - 尸 *shī*!

∗∗∗

∗∗∗∗∗

∗∗∗

Lektion 94

LEKTION 96

食	shí	Lebensmittel	食	essen
		Mensa, Speisesaal		
堂	táng	Halle	土	Nr. 139 (s.S. XXVI)
影	yǐng	Schatten	彡	Bart
刻	kè	Viertelstunde	刂	Messer
坏	huài	schlecht	土	Erde
修	xiū	reparieren	亻	Mensch

丿 人 亼 今 今

今 倉 倉 食

丨 小 小 小 屮 屮 尚

尚 尚 堂 堂

丶 冂 冋 日 旦 旱

昬 昙 昺 景 景 景 影 影

丶 亠 亡 亥 亥 亥 刻 刻

一 十 土 圹 圹 坏 坏 壞

丿 亻 亻 亻 亻

攸 攸 修 修

Lektion 96

LEKTION 97

餐	cān	Speise, Gericht	食	essen
短	duǎn	kurz	矢	Pfeil
冰	bīng	Eis	冫	Eis
棍	gùn	Stange, Stock	木	Holz
拾	shí	auflesen, aufheben	扌	Hand

丨 卜 𠂆 ㄆ 㕯 叙 叙 叙

叙 叒 㕤 㕦 㕨 餐 餐 餐

丿 𠂇 ㅌ 𠂉 矢 矢

矢 矢 矢 短 短 短

丶 冫 冫 冫 冰 冰

一 十 扌 木 朩 相 相

相 相 棍 棍 棍

一 十 扌 扒 扒

扒 扲 拾 拾

Lektion 97

LEKTION 99

祖	zǔ	Vorfahr, Ahn	礻	verehren
呵	hè	(Ausruf)	口	Mund
显	xiǎn	aussehen	日	Sonne
轻	qīng	leicht	车	Wagen

LEKTION 100

| 悟 | wù | plötzlich verstehen | 小 | Herz |

丶 ナ 衤 衤 初 初
祖 祖 祖
丶 冂 口 叮 叮 叮 呵 呵
丶 冂 日 日 早
早 昻 昻 显　　　顯
一 亠 车 车 轫
轫 轫 轫 轻　　　輕

••

丨 忄 忄 忄 忄 忶
忶 悟 悟 悟

Lektion 100

衣	yī	Kleidung	衣	Kleidung
料	liào	Material, Stoff	米	Reis
凉	liáng	frisch, kühl	冫	Eis
药	yào	Arznei	艹	Gras
治	zhì	heilen	氵	Wasser
痛	tòng	Schmerz	疒	Krankheit

Hinweis: Für "Schmerz, schmerzen" gibt es im Chinesischen zwei Wörter: 痛 *tòng* und 疼 *téng* (vgl. auch Lektion 78).

、一ナ衤衣衣

、丷⺷半半米

料料料料

、冫冫冫冫

冽冱浐凉凉

一十艹艹艼

芗荮药药　　　　藥

、冫氵氵汁冶治治

、亠广广疒疒疒

疒病病痛痛

LEKTION 101

Da in dieser Lektion keine neuen Vokabeln vorkommen, gehen wir direkt zur nächsten Lektion über.

●●

LEKTION 102

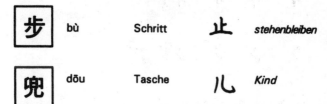

步	bù — Schritt	止	*stehenbleiben*
兜	dōu — Tasche	儿	*Kind*

●●

LEKTION 103

供	gōng — liefern, versorgen	亻	*Mensch*
池	chí — Teich	氵	*Wasser*
阳	yáng — Sonne; männliches Prinzip in der Natur	阝	*Hügel*

丨 卜 止 止 步 步 步

丿 亻 亻 亻 伯 伯

伯 卿 卿 卿 卿

丿 亻 亻 亻 仕 供 供 供

丶 氵 氵 氵 沁 池

阝 阝 阴 阴 阳 阳　陽

Lektion 103

| 济 | jì | helfen, unterstützen | 氵 | Wasser |

| 设 | shè | errichten, einrichten | 讠 | Sprache |

* * *

LEKTION 104

| 白 | bái | weiß | 白 | weiß |

* * *

、氵氵氵氵
氵氵泲济　　　濟
、讠讠讥设设　　設

••

丿亻白白白

••

WORTSCHATZVERZEICHNIS

Das vorliegende Wortschatzverzeichnis umfasst ca. 800 Zeichen. Unter Einbeziehung aller bekannten Kombinationen ergibt dies einen Wortschatz von ca. 1.500 Wörtern und Ausdrücken.

In diesem Wortschatzverzeichnis stehen die Nummern am rechten Rand für die Lektion, in der ein Zeichen zum ersten Mal auftaucht. Dabei spielt es keine Rolle, ob das Zeichen die erste, zweite oder eine andere Silbe in einem Wort ist. Wenn Sie die entsprechende Lektion in diesem Buch aufschlagen, finden Sie eine Beschreibung des jeweiligen Zeichens sowie die Darstellung der Strichfolge.

BITTE BEACHTEN SIE AUSSERDEM:

1. **Phonetisch gleichlautende Zeichen** sind nach „Tönen" (im Chinesischen wird jede Silbe in einer von vier verschiedenen Tonhöhen ausgesprochen bzw. die Stimme nimmt einen von vier Tonverläufen an), **Homophone** (gleichlautende Silben mit gleichen Tönen) aufsteigend nach der **Anzahl ihrer Striche** sortiert.

2. Silben, die mit **SH** beginnen, stehen **hinter** denen, die mit **S** beginnen. Silben, die mit **ZH** beginnen, folgen **hinter** denen, die mit Z beginnen. Das gleiche gilt für Silben mit den Anfangsbuchstaben **CH** und **C**.

3. Generell weisen wir darauf hin, dass ein Großteil der chinesischen Zeichen eine Vielzahl zum Teil recht unterschiedlicher Bedeutungen haben kann. Wir können im vorliegenden Buch nicht auf **alle** Bedeutungen eingehen; es werden daher jeweils nur die gebräuchlichsten bzw. die Hauptbedeutungen genannt.

4. Einige Wörter bzw. Silben sind nicht direkt übersetzbar, sondern sie haben eine grammatikalische bzw. stilistische Funktion. Diese ist jeweils in Klammern angegeben.

5. Die meisten chinesischen Wörter (cí) bestehen aus mehreren Silben, oder, anders ausgedrückt, aus mehreren Zeichen (zì). Bestimmte Silben tauchen jedoch nur in Verbindung mit anderen Silben, nicht als Einzelsilbe, auf (z.B. die beiden Silben in kāfēi „Kaffee").

Mitunter kann es vorkommen, dass sich die Bedeutung eines Zeichens, isoliert betrachtet, stark von der Bedeutung unterscheidet, die sich durch die Kombination dieses Zeichens mit anderen Zeichen ergibt.

A

ā	阿	(Präfix)	69
ā, a	啊	(Ausruf) Oh!	23
āi	哎	(Ausruf) He!	52
ài	爱	lieben	9
ān	安	Frieden	9

B

bā	八	acht	8
bà	爸	Vater	47
ba	吧	(Fragepartikel)	12
bái	白	weiß	104
bǎi	百	hundert	24
bài	拜	grüßen	24
bān	班	Gruppe	30
bān	般	Art, Weise	60
bān	搬	umziehen	86
bǎn	板	Brett	36
bǎn	版	Auflage	51
bàn	办	machen	12
bàn	半	halb	16
bāng	帮	helfen	94
bāo	包	Paket	2
bǎo	宝	Schatz	18
bào	报	Zeitung	3
bēi	杯	Glas, Tasse	93
běi	北	Norden	27

bèi	备	vorbereiten	50
bei	呗	eben, halt	83
běn	本	Wurzel; (ZEW)	45
bǐ	比	vergleichen	33
bǐ	笔	Stift	3
bì	毕	beenden	22
biān	边	Seite	45
biàn	便	leicht	33
biàn	遍	mal	61
biǎo	表	Armbanduhr	47
bié	别	anderer, -e, -es	44
bīng	冰	Eis	97
bìng	病	krank	18
bō	播	senden	65
bó	伯	Onkel (älterer Bruder des Vaters)	78
bù	不	nicht	1
bù	步	Schritt	102
bù	部	Ministerium	83

C

cái	才	erst	23, 29
cài	菜	Gemüse, Gericht	2
cān	参	teilnehmen	40
cān	餐	Mahlzeit, Essen	97
cí	词	Wort	51
cì	次	mal	19
cóng	从	von, aus	51
cuò	错	falsch; Fehler	29

CH

chá	查	prüfen	55
chá	茶	Tee	30
chà	差	Mangel, fehlen	54
chái	柴	Brennholz	65
chǎn	产	Produktion	40
cháng	长	lang	25
cháng	常	oft	38
chǎng	厂	Fabrik	32
chǎng	场	freier Platz	38
cháng	肠	Wurst	44
chāo	超	überschreiten	50
cháo	潮	feucht	80
chē	车	Wagen	15
chén	陈	CHEN (Name)	27
chéng	成	werden	40
chéng	城	Stadt	24
chéng	程	Regel, Vorschrift	71
chī	吃	essen	8
chí	池	Teich	103
chí	迟	verspätet	92
chóng	重	erneut, wieder	32
chōu	抽	ziehen; rauchen	23
chū	出	herausgehen, herauskommen	10
chú	除	außer; abgesehen von	90
chǔ	楚	klar	18
chù	处	Stelle, Ort	94
chuān	川	Fluß, Strom	32

chuán	船	Schiff, Boot	67
chuāng	窗	Fenster	94
chuáng	床	Bett	66
chūn	春	Frühling	45

D

dá	答	antworten	74
dǎ	打	schlagen	19
dà, (dài)	大	groß	12, (38)
dāi	待	bleiben	17
dài	代	Generation	47
dài	带	tragen, anziehen	38
dài	待	empfangen	76
dài	戴	tragen	58
dān	单	einzeln, alleine	40
dàn	但	aber	52
dāng	当	tätig sein als	11
dǎo	导	leiten, führen	74
dào	到	nach, hin	24
dào	倒	eigentlich	60
dào	道	Weg, Route	11
dé	德	Tugend	58
de	的	(Partikel)	12
de	得	(Partikel)	27
děi	得	müssen, sollen	27, 36
děng	等	warten	16
dì	地	Ort; Erde	32
dì	弟	kleiner Bruder	11

dì	第	Nummer	1
diǎn	点	Punkt; Uhr	13
diǎn	典	Standardwerk	51
diàn	电	Strom	39
diàn	店	Geschäft, Laden	5
dìng	定	festlegen; befestigen	18
dōng	东	Osten, Orient	32
dōng	冬	Winter	80
dǒng	懂	verstehen	33
dòng	动	bewegen	47
dōu	都	alle, alles	24
dōu	兜	Tasche, Sack	102
dòu	豆	(Soja-)Bohne	62
dù	度	Grad	80
duǎn	短	kurz	97
duī	堆	Berg, Stapel	50
duì	对	genau, exakt	5
duō	多	viele, zahlreich	16
duo	朵	(ZEW); in Verb. mit *ěr*: "Ohr"	89

E

è	饿	Hunger, hungrig sein	1
ē, é, è	唉	(Ausruf) He!	68
ér	儿	Sohn	5, 43
ér	而	aber	51
ěr	耳	Ohr	89
èr	二	zwei	2

F

fā	发	(aus)senden	10
fǎ	法	Gesetz	27
fān	翻	umdrehen; übersetzen	13
fán	烦	verärgert	39
fǎn	反	(ent)gegen	25
fàn	饭	gekochter Reis; Nahrung	2
fāng	方	Rechteck	32
fáng	房	Haus	9
fǎng	访	besuchen	76
fàng	放	setzen, stellen, legen	36
fēi	飞	fliegen	38
fēi	非	nicht (Negation)	38
fēi	啡	(in Verbindung mit *kā*: "Kaffee")	38
fēn	分	Minute	48
fèn	分	Gewicht	82
fèn	份	Teil; (ZEW)	41
fēng	风	Wind	67
fēng	丰	reichlich, üppig	94
fēng	封	(ZEW)	36
fū	夫	Ehemann	38
fú, fu	服	sich eingewöhnen	18
fǔ	府	Wohnsitz, Residenz	87
fǔ	腐	verfaulen, verderben	62
fù	父	Vater, väterlich	4
fù	负	Verantwortung tragen für	40
fù	复	erneut; wiederholen	34

fù	附	beifügen	62
fù	副	Vize-, stellvertretend	71
fù	富	reich, wohlhabend	94

G

gāi	该	sollen, müssen	31
gài	概	im allgemeinen	25
gān	干	trocken	93
gǎn	赶	sich beeilen, beschleunigen	55
gǎn	感	Gefühl, fühlen	45
gàn	干	machen	51
gāng	刚	gerade, eben	22
gǎng	港	Hafen	43
gāo	高	hoch, groß	38
gǎo	搞	machen	40
gào	告	benachrichtigen, erzählen	18
gē	哥	älterer Bruder	43
gè	各	jeder, -e, -es	24
ge	个	(ZEW)	11
gěi	给	für; geben	36
gēn	跟	mit	24
gèng	更	(Steigerungsform)	52
gōng	工	Arbeit	32
gōng	公	öffentlich	17
gōng	功	Leistung, Erfolg	93
gòng	宫	liefern, versorgen	103
gōng	共	Palast	68
gòng	供	gemeinsam	25
gōu	沟	Graben, Kanal	89

gǒu	狗	Hund	47
gòu	够	genug, ausreichend	16
gǔ	古	alt, antik	64
gǔ	骨	Knochen	62
gù	故	ehemalig, früher	68
guǎi	拐	einbiegen, umkehren	59
guài	怪	seltsam, komisch	23
guān	关	schließen	38
guān	观	betrachten, sehen	40
guǎn	管	verwalten	86
guǎn	馆	Unterkunft, Gebäude	24
guàn	惯	Gewohnheit	43
guāng	光	Licht, Glanz	65
guǎng	广	weit, ausgedehnt	33
guàng	逛	spazierengehen	68
guì	贵	teuer	12
gùn	棍	Stab, Stock	97
guō	锅	Topf	54
guō	郭	GUO (Name)	52
guó	国	Land	11
guǒ	果	Obst, Früchte	38
guò, guo	过	vergehen, verstreichen; (Partikel)	4

H

hái	还	noch	16
hái	孩	Kind	11
hǎi	海	Meer	32
hàn	汉	chinesisch, Volksgruppe der Han	33

Pinyin	汉字	Bedeutung	Nr.
háng	行	Firma, Geschäft (vgl. *xíng*, 8)	74
háng	航	Boot, Schiff; fliegen	82
hǎo	好	gut	1
hào	号	Nummer	48
hē	喝	trinken	30
hē	呵	Oh! Ach!	99
hé	和	und	33
hēi	黑	schwarz	104
hěn	很	sehr	9
hóng	红	rot	26
hóu	侯	Fürst	52
hóu	猴	Affe	47
hòu	后	nach	25
hòu, hou	候	warten, abwarten	18
hū	忽	plötzlich	94
hú	糊	konfus, verwirrt	50
hǔ	虎	Tiger	47
hǔ	浒	Wasserkante, Ufer	64
hù	户	Familie, Haushalt	94
hù	护	schützen	55
huā	花	Blume; ausgeben	33
huá	划	rudern	67
huá	华	China	54
huà	化	ändern	22
huà	话	Rede	33
huà	画	Zeichnung, Bild, malen	5
huài	坏	schlecht, verdorben	96
huān	欢	lieben, mögen	12

huán	还	zurückgeben (vgl. *hái*, 16)	45
huàn	换	wechseln	25
huī	辉	glänzend	52
huí	回	zurückkehren	15
huì	会	Moment, Augenblick	20
huì	会	können, in der Lage sein	13
hūn	婚	Hochzeit	26
hún	馄	(in Verb. mit *tun*: "chin. Suppe")	62
huó	活	leben; Leben	43
huǒ	火	Feuer	16
huò	货	Ware	24
huò	或	oder	69

J

jī	机	Maschine	33
jī	鸡	Huhn	47
jí	及	reichen bis; sich erstrecken	55
jí	极	extrem	22
jí	急	es eilig haben	50
jǐ	几	einige; wieviele?	11
jǐ	己	selbst	29
jì	计	rechnen, berechnen	40
jì	记	notieren, niederschreiben	58
jì	纪	Aufzeichnung	76
jì	技	Technik	51
jì	济	helfen, unterstützen	103
jì	继	fortsetzen	72
jì	寄	schicken, senden	68
jiā	加	hinzufügen	48

jiā	家	Familie	15
jià	假	Ferien, Urlaub	36
jiān	间	unter, zwischen	16
jiǎn	检	untersuchen, überprüfen	55
jiǎn	简	einfach, unkompliziert	58
jiàn	见	sehen, treffen	4
jiàn	建	bauen, schaffen, erstellen	74
jiàn	健	gesund, stark	93
jiāng	将	werden, wollen	64
jiǎng	讲	sprechen, erzählen	37
jiāo	交	austauschen, Austausch	83
jiāo	郊	Vorort, Vorstadt	85
jiāo	教	unterrichten, lehren	27
jiǎo	饺	Teigtaschen	39
jiào	叫	heißen, sich nennen	18
jiào	较	relativ	33
jiào	教	Religion (vgl. *jiāo*, 27)	38
jiē	接	empfangen	24
jiē	街	Straße	59
jié	节	Fest	52
jié	结	knüpfen, knoten	26
jiě	姐	ältere Schwester	18
jiè	介	zwischen	38
jiè	借	entleihen, ausleihen	45
jīn	斤	Pfund	44
jīn	今	heute	29
jīn	津	Furt; Fähre	64
jìn	近	nah	30
jìn	进	hineingehen	24

jīng	京	Hauptstadt	24
jīng	经	erleben, durchmachen; schon	27
jǐng	井	Brunnen	60
jǐng	景	Landschaft	80
jìng	静	ruhig, still	9
jìng	镜	Spiegel	58
jiū	究	untersuchen, erforschen	40
jiǔ	九	neun	9
jiǔ	久	lange	38
jiǔ	灸	Moxenbehandlung	78
jiǔ	酒	Alkohol	60
jiù	就	dann, anschließend	4
jū	居	wohnen	83
jú	局	Büro	5
jù	句	Satz	37
jù	剧	Theater	41
jué	决	entscheiden	26
jué	觉	finden, empfinden	32

K

kā	咖	(in Verbindung mit *fēi*: "Kaffee")	66
kāi	开	öffnen, beginnen	15
kàn	看	sehen, lesen	23
kāng	康	Gesundheit, gesund	64
kǎo	考	Prüfung machen	76
kē	科	Bereich, Disziplin	51
kě	可	aber, jedoch	12
kě	渴	Durst haben, durstig sein	30
kè	刻	Viertelstunde	96

kè	客	Gast	59
kè	课	Lektion	1
kěn	肯	einwilligen, zustimmen	27
kōng	空	leer, hohl; Himmel	82
kǒng	恐	fürchten	50
kòng	空	freie Zeit	39
kǒu	口	Mund	25
kù	裤	Hose	3
kuài	块	Kuai (Währungseinheit)	16
kuài	快	schnell	16
kuài	筷	Eßstäbchen	23
kuàng	况	Situation	38
kuī	亏	glücklicherweise	9

L

lā	拉	ziehen	78
là	辣	scharf	62
lái	来	kommen	18
lǎo	老	alt	6
lè	乐	Freude, fröhlich	88
le	了	(Partikel; Suffix)	16
lèi	累	müde	1
lěng	冷	kalt	10
lí	离	entfernt	76
lǐ	礼	Zeremonie	24
lǐ	里	in, drin, innen	16
lǐ	李	Birne	6
lǐ	理	Grund, Ursache	57
lì	历	Geschichte	22

lì	立	aufrecht, stehen	40
lì	利	Vorteil, Gewinn, Nutzen	75
lì	莉	(in Verbindung mit *mò*: "Jasmin")	60
liǎ	俩	zwei (Personen)	26
liàn	练	üben, trainieren	1
liáng	凉	kühl	100
liǎng	两	zwei	20
liàng	亮	hell, leuchtend, glänzend	12
liàng	谅	(sich) entschuldigen	38
liàng	量	Menge	82
lín	邻	Nachbarschaft	83
lín	林	Wald	52
líng	陵	Grab	68
líng	零	Null	38
líng	〇	Null	39
lǐng	领	führen, leiten	74
lìng	另	anderer, -e, -es; weiterer, -e, -es	36
liú	流	fließen	75
liú	留	lassen, bleiben	64
liù	六	sechs	6
lóng	龙	Drache	47
lóu	楼	Etage	57
lǔ	鲁	LU (Name)	57
lù	录	aufnehmen, registrieren	33
lù	路	Weg, Route; Linie	19
lùn	论	diskutieren	71
lǚ	旅	Reise, reisen	29
lǜ	绿	grün	60

M

mā	妈	Mutter	36
má	麻	Hanf	39
ma	嘛	(Partikel)	51
mǎ	马	Pferd	18
ma	吗	(Fragepartikel)	1
mǎi	买	kaufen	3
mài	卖	verkaufen	32
mǎn	满	voll	43
màn	慢	langsam	38
máng	忙	beschäftigt	30
māo	猫	Katze	67
máo	毛	Haar; (Währungseinheit)	44
máo	茅	Alang-Alang-Gras	60
mào	冒	quellen, emporsteigen	45
me	么	(Partikel)	2
méi	没	nicht (Verneinungsform)	5
měi	每	jeder, -e, -es	54
měi	美	hübsch	73
mèi	妹	jüngere Schwester	11
mēn	闷	stickig	80
mén	门	Tür, Tor	25
men	们	(Pluralendung)	11
měng	蒙	mongolisch	37
mèng	梦	Traum	57
miàn	面	Nudeln	2
mín	民	Volk	65
míng	名	Name	53

míng	明	morgen	15
mò	茉	(in Verbindung mit *li*: "Jasmin")	60
mǔ	母	Mutter, mütterlich	58
mù	木	Holz	52
mù	目	Auge	52

N

ná	拿	nehmen	55
nǎ	哪	welcher, -e, -es?	10
nà	那	dieser, diese, dieses	3
nǎi	奶	Milch	60
nài	耐	ertragen, aushalten	81
nán	男	Mann, männlich	20
nán	南	Süden	24
nán	难	schwierig	33
ne	呢	(Fragepartikel)	13
něi	哪	welcher, -e, -es?	10
nèi	内	innen, intern	37
nèi	那	dieser, diese, dieses	3
néng	能	können	19
ńg	嗯	Hm! (Ausruf)	48
nǐ	你	du, dein, dir	1
nián	年	Jahr	32
nín	您	Sie, Ihnen (Höflichkeitsform)	18
niú	牛	Ochse, Büffel	47
nǚ	女	Frau, weiblich	20

O

ǒu	偶	Puppe	52
ó, ò	哦	Oh!	4

P

pà	怕	fürchten	19
pái	排	ordnen; Reihe	41
pái	牌	Spielkarte	31
pài	派	schicken, ernennen	73
pán	盘	Partie; Platte, Teller	81
pàng	胖	dick, pummelig	43
péng	朋	Freund	11
pí	皮	Haut, Leder	55
piān	篇	(ZEW)	57
pián	便	(in Verb. mit *yi*: "billig"; vgl. biàn, 33)	72
piàn	片	Scheibe	79
piào	票	Fahrkarte	16
piào	漂	(in Verbindung mit *liang*: "hübsch")	12
pǐn	品	Waren, Artikel	57
píng	平	Frieden, Ruhe	59
pō	坡	Abhang	48
pó	婆	ältere Frau	62
pǔ	普	allgemein	69

Q

qī	七	sieben	7
qī	期	Zeitraum	48
qí	其	sein, ihr	94

qí	奇	komisch, seltsam	23
qí	骑	reiten, fahren mit	15
qí	棋	Schach, Brettspiel	81
qǐ	启	öffnen	52
qǐ	起	anfangen, beginnen	5
qì	气	Luft	58
qì	汽	Dampf	25
qiān	谦	bescheiden	75
qiān	签	unterzeichnen	76
qián	前	vor, vorher	22
qián	钱	Geld	16
qiáo	侨	im Ausland leben	54
qiáo	桥	Brücke	31
qiě	且	sogar	51
qīn, qin	亲	Eltern	4
qīng	轻	leicht	99
qīng	清	klar, deutlich	18
qíng	情	Gefühl	22
qǐng	请	einladen, bitten	25
qìng	庆	feiern	32
qiū	秋	Herbst	80
qū	区	Region, Gebiet	85
qù	去	gehen	8
qù	趣	Interesse, Vorliebe	52
quán	全	gesamt, völlig	40

R

rán	然	selbstverständlich	11
ràng	让	lassen, veranlassen	45
rǎo	扰	stören, belästigen	92
rè	热	heiß	22
rén	人	Mensch, Leute	9
rèn	认	kennen, erkennen	4
rèn	任	Position, Aufgabe	76
rì	日	Sonne, Tag	30
róng	容	enthalten	33
ròu	肉	Fleisch	44
rú	如	wenn	38
rú	儒	Konfuzianische Schule	52

S

sān	三	drei	3
sè	色	Farbe	12
sī	司	führen, verwalten	38
sī	思	nachdenken	17
sǐ	死	tot, sterben	41
sì	四	vier	4
sòng	送	schenken, anbieten	50
sù	诉	erzählen	18
suàn	算	(be)rechnen	20
suí	随	nach Belieben	75
suì	岁	Alter, alt sein	20
sūn	孙	Enkel	53
suǒ	所	Platz, Stelle	40

SH

shān	山	Berg	59
shāng	商	Handel	24
shàng	上	auf, herauf-	25
shǎo	少	wenig	44
shào, shao	绍	fortsetzen	38
shé	蛇	Schlange	47
shè	舍	Haus	41
shè	设	einrichten, aufbauen	103
shéi (shuí)	谁	wer	4
shēn	身	Körper	88
shén	什	wer? was?	2
shēng	生	erzeugen, hervorbringen	27
shēng	声	Ton, Geräusch	52
shěng	省	Provinz	32
shī	师	Meister	18
shī	湿	feucht	80
shí	十	zehn	10
shí	石	Stein	86
shí	识	wissen, kennen	4
shí	时	Augenblick	16
shí	实	wahr, wirklich	45
shí	拾	auflesen, aufheben	97
shí	食	Lebensmittel	96
shǐ	史	Geschichte	22
shǐ	始	Beginn, Anfang	33

shǐ	使	Gesandter	61
shì	示	zeigen	74
shì	世	Welt	41
shì	事	Sache, Angelegenheit	17
shì	试	versuchen	78
shì	视	ansehen	52
shì	室	Saal, Halle	72
shì	是	sein	4
shōu	收	erhalten	43
shǒu	手	Hand	90
shǒu	首	Haupt	52
shòu	受	erdulden, ertragen	80
shòu	授	überreichen	38
shū	书	Buch	3
shū	叔	Onkel (jüngerer Bruder des Vaters)	69
shū	舒	entfalten, ausbreiten	18
shú	熟	reif	38
shǔ	属	gehören zu	47
shǔ	鼠	Ratte	47
shù	树	Baum	57
shuāng	双	Paar; doppelt	76
shuí	谁	wer? (vgl. *shéi*)	4
shuǐ	水	Wasser	29
shùn	顺	günstig	93
shuō	说	sprechen, sagen	13

T

tā	他	er	4
tā	她	sie	11

tái	台	Pagode	60
tài	太	zu sehr	8
tán	谈	sich unterhalten	39
tāng	汤	Suppe	2
táng	堂	Halle	96
táng	糖	Zucker	60
tǎng	躺	liegen, sich hinlegen	66
tǎo	讨	diskutieren, besprechen	71
tào	套	(ZEW)	82
tè	特	speziell, besonders	44
téng	疼	Schmerzen, wehtun	78
tí	题	Thema	37
tǐ	体	Körper	88
tì	替	ersetzen, anstelle von	90
tiān	天	Tag, Himmel	15
tiáo	条	(ZEW)	74
tiē	贴	kleben	54
tīng	听	(zu)hören	19
tíng	停	anhalten, stoppen	85
tǐng	挺	sehr	59
tóng	同	mit, wie, gleich	36
tòng	痛	Schmerzen, wehtun	100
tōu	偷	stehlen	55
tóu	头	Kopf	66
tú	涂	bestreichen	50
tú	图	Zeichnung, Karte	51
tù	兔	Hase	47
tuán	团	Gruppe	74
tún	饨	(in Verb. mit *hún*: "chin. Suppe")	62

tuō	拖	ziehen	79

W

wa	哇	(Ausruf)	67
wài	外	außen, draußen, Auslands-, Fremd-	45
wān	湾	Golf	69
wán	完	beenden, fertig	40
wán,			
wánr	玩儿	spielen	59
wǎn	晚	Abend, abends; spät	10
wàn	万	10.000	51
wáng	王	König, Herrscher; WANG (Name)	6
wǎng	往	in Richtung auf	59
wàng	忘	vergessen	20
wàng	望	hoffen	83
wēi	危	gefährlich	55
wéi	围	eingrenzen, umzäunen	81
wěi	委	jdn. mit etw. beauftragen	71
wèi	为	für	27
wèi	位	(ZEW)	38
wèi	谓	sagen, nennen, heißen	60
wèi	喂	Hallo	39
wén	文	Sprache	27
wèn	问	fragen	20
wǒ	我	ich, mir, mich	1
wú	无	nicht, ohne	40
wǔ	午	Mittag, mittags	25
wǔ	五	fünf	5
wù	务	Angelegenheit, Geschäfte	75

wù	物	Ding, Sache	47
wù	悟	plötzlich verstehen	100

X

xī	西	Westen	32
xī	希	hoffen	83
xī	息	sich ausruhen	41
xī	惜	bedauern	41
xī	悉	gut kennen, vertraut sein	38
xí	习	üben	1, 34
xǐ	喜	mögen, schätzen	12
xì	戏	Theater	41
xì	系	System	38
xià	下	unter, herunter-	17
xià	夏	Sommer	80
xiān	先	zuerst	25
xiǎn	显	aussehen	99
xiǎn	险	Gefahr, Risiko	55
xiàn	现	aktuell	20
xiàn	线	Faden	40
xiāng	乡	Heimat; Gemeinde	53
xiāng	相	gegenseitig	52
xiāng	香	Duft, duftend	43
xiāng	箱	Kiste, Koffer	55
xiǎng	想	denken, möchten, Lust haben zu	8
xiàng	向	in Richtung auf	88
xiàng	相	Aussehen, Äußeres (vgl. *xiāng*, 52)	52
xiàng	象	Elefant; gleichen; ähnlich	17
xiǎo	小	klein	12

xiào	笑	lachen, lächeln	59
xiào	效	Effekt, Wirkung	78
xiē	些	einige	57
xiě	写	schreiben	13
xiè	谢	danken, Danke	23
xīn	心	Herz	55
xīn	新	neu	10
xìn	信	Brief	36
xīng	星	Stern	48
xíng	行	einverstanden, in Ordnung	8
xìng	兴	Freude	38
xìng	性	Charakter, Wesen, Natur	81
xìng	姓	Familienname, heißen	18
xìng	幸	Glück	9
xiōng	兄	Bruder	55
xiōng	熊	Bär	67
xiū	休	sich ausruhen	41
xiū	修	reparieren	96
xū	须	müssen	74
xū	虚	bescheiden	75
xū	需	brauchen, benötigen	45
xù	续	fortsetzen, fortfahren	72
xué	学	lernen, studieren	22
xùn	迅	schnell	57

Y

ya	呀	(Ausruf)	4
yān	烟	Zigarette	23
yán	言	Sprache, Rede	37

yán	研	forschen	40
yán	颜	Farbe	12
yǎn	眼	Auge	58
yǎn	演	spielen (Rolle), aufführen	41
yáng	羊	Schaf	47
yáng	阳	*Yang* (Sonne, positiv, männlich)	103
yàng	样	Form	24
yāo	一	(Synonym für die Ziffer "1")	1, 39
yào	药	Medizin	100
yào	要	wollen, werden	2
yé	爷	Großvater	69
yě	也	auch	3
yè	业	Bereich, Fach	22
yè	页	Seite, Blatt	74
yī	一	ein, eins	1
yī	衣	Kleidung	100
yī	医	Medizin, medizinisch	78
yí	宜	passend, geeignet	72
yí	姨	Tante (mütterlicherseits)	69
yí	颐	Harmonie	68
yǐ	已	schon	27
yǐ	以	mit, mittels, durch	22
yì	亿	100 Millionen	37
yì	义	Gerechtigkeit	64
yì	议	Vorschlag, Meinung	74
yì	译	übersetzen	13
yì	易	leicht, einfach	33
yì	谊	Freundschaft	93
yì	意	Bedeutung, Sinn	17

yīn	因	weil	27
yīn	音	Ton, Geräusch	10, 33
yín	银	Silber	87
yìn	印	drucken	51
yīng	应	sollen, müssen	45
yīng	英	glänzend	13
yíng	迎	empfangen	22
yǐng	影	Schatten	96
yǒng	泳	schwimmen	67
yòng	用	mit; benutzen, verwenden	23
yóu	由	durch, mit, per	40
yóu	邮	Post	5
yóu	油	Öl	86
yóu	游	bereisen, schwimmen	64
yǒu	友	Freund	11
yǒu	有	haben	5
yòu	又	wieder, erneut; außerdem	50
yú	于	hier: *děngyú*: "entsprechen(d)"	78
yǔ	雨	Regen	17
yǔ	语	Sprache, Rede	13
yuán	员	Mitglied	71
yuán	园	Garten	17
yuán	原	ursprünglich, original	38
yuán	圆	rund, kreisförmig	65
yuǎn	远	weit, entfernt	15
yuàn	院	Hof, umzäuntes Grundstück	86
yuè	月	Mond, Monat	26
yùn	运	transportieren	58

Z

zá	杂	verschieden, divers	37
zài	在	in, an, auf	6
zài	再	wieder, erneut	25
zán	咱	wir	51
zàn	赞	helfen, unterstützen	75
zàng	藏	tibetisch	37
zǎo	早	früh	36
zé	责	Verantwortung	40
zěn	怎	wie?	12
zī	资	Geld, Kosten	72
zǐ, zi	子	(Suffix)	3
zì	字	Schriftzeichen, Ideogramm	33
zì	自	selbst	15
zǒu	走	gehen, weggehen	1
zū	租	mieten	59
zǔ	祖	Vorfahr	99
zuì	最	am ...en (Superlativ)	19
zuì	醉	betrunken	60
zuó	昨	gestern	26
zuò	作	machen	13
zuò	坐	sitzen, sich hinsetzen, fahren mit	25
zuò	做	machen	32

ZH

zhā	扎	stechen	78
zhàn	站	Station, Haltestelle, stehen	25

zhāng	张	ZHANG (Name); (ZEW)	26
zhāo	招	rufen	76
zháo,			
zhe	着	erreichen, schaffen, (Suffix)	59
zhǎo	找	suchen	39
zhào	赵	ZHAO (Name)	57
zhào	照	erleuchten, erhellen	55
zhě	者	(Suffix); derjenige, welcher	41
zhè,			
zhèi	这	dieser, diese, dieses	5
zhēn	针	Nadel	78
zhēn	真	wirklich, wahr	20
zhēng	蒸	dämpfen	54
zhěng	整	völlig, vollkommen	83
zhèng	正	gerade, genau	25
zhī	之	(Partikel)	69
zhī	支	(ZEW)	65
zhī	枝	(ZEW)	23
zhī	知	wissen	11
zhí	直	gerade, direkt	59
zhǐ	只	nur, ausschließlich	38
zhǐ	止	stoppen, anhalten	37
zhì	至	bis	74
zhì	志	Wille	39
zhì	治	heilen	100
zhōng	中	Mitte, Zentrum	11
zhōng	钟	Uhr, Stunde	48
zhǒng	种	Sorte, Art	24
zhòng	重	schwer, wichtig (vgl. *chóng*, 32)	50

zhōu	州	Distrikt	37
zhōu	周	ZHOU (Name)	52
zhū	珠	Perle	65
zhū	猪	Schwein	44
zhǔ	主	Gastgeber, Eigentümer	40
zhù	住	wohnen	9
zhù	助	helfen	94
zhù	注	konzentrieren, sich richten auf	55
zhù	祝	wünschen, gratulieren	88
zhuān	专	speziell, besonders	22
zhuǎn	转	weitergeben	61
zhuàn	传	historischer Roman	64
zhǔn	准	genau, bestimmt, sicher	48

LISTE DER TRADITIONELLEN RADIKALE

Die 214 hier gezeigten Radikale stellen das vom Qing-Kaiser *Kāng Xī* im 17. Jhd. konzipierte traditionelle Radikalsystem dar. Von diesen Radikalen können einige auf mehrere Arten geschrieben werden, je nachdem, ob Sie im linken, rechten, oberen oder unteren Teil eines Zeichens vorkommen. Varianten werden gegebenenfalls beim entsprechenden Radikal angegeben.

* * *

Nr.	Radikal	Aussprache	Bedeutung
1 Strich			
1	一	yī	eins
2	丨	gùn	Stock
3	丶	diǎn	Punkt
4	丿	bié	Teil
5	乙	yǐ	Sichel
6	亅	juē	Haken
2 Striche			
7	二	èr	zwei
8	亠	tōu	bedecken

Nr.	Radikal	Aussprache	Bedeutung
9	人 亻	rén	Mensch
10	儿	ér	Kind, Sohn
11	入	rù	eintreten
12	八	bā	acht
13	冂	jiōng	Wüste, Wildnis
14	冖	mī	bedecken
15	冫	bīng	Eis
16	几	jī	Tischchen
17	凵	kǎn	Kanne, Gefäß
18	刀 刂	dāo	Messer
19	力	lì	Kraft
20	勹	bāo	einwickeln, umfassen
21	匕	bǐ	Löffel
22	匚	fāng	Kasten
23	匸	xǐ	verstecken
24	十	shí	zehn

Nr.	Radikal	Aussprache	Bedeutung
25	卜	bǔ	wahrsagen
26	卩 卪	jié	Siegel
27	厂	chǎng	Abhang
28	厶	sī	eigen, privat, persönlich
29	又	yòu	wieder, noch

3 Striche

Nr.	Radikal	Aussprache	Bedeutung
30	口	kǒu	Mund
31	囗	wéi	Umzäunung
32	土 士	tǔ	Erde
33	士	shì	Gelehrter
34	夂	zhì	folgen
35	夊	suī	langsam gehen
36	夕	xī	Abend
37	大	dà	groß
38	女	nǚ	Frau
39	子 孑	zǐ	Sohn

Nr.	Radikal	Aussprache	Bedeutung
40	宀	miān	Dach
41	寸	cùn	Daumen
42	小	xiǎo	klein
43	尤 兀	wāng	lahm, schwach
44	尸	shī	Körper
45	屮	chē	Keim
46	山	shān	Berg
47	巛 川	chuān	Bach
48	工	gōng	Arbeit
49	己 巳 巴	jǐ	persönlich
50	巾	jīn	Tuch
51	干	gān	Schild
52	幺	yāo	klein, unreif, zart
53	广	guǎng	Schutzdach
54	廴	yín	weit gehen
55	廾	gōng	Hände zum Gruß heben

Nr.	Radikal	Aussprache	Bedeutung
56	弋	yì	Pfeil
57	弓	gōng	Bogen
58	ヨ ⺕ ⺔	jì	Schweinekopf
59	彡	xū	Bart
60	彳	chì	Schritt

4 Striche

Nr.	Radikal	Aussprache	Bedeutung
61	心 忄	xīn	Herz
62	戈	gē	Hellebarde
63	戶	hù	Tür
64	手 扌	shǒu	Hand
65	支	zhī	Zweig
66	攴 攵	pū	schlagen
67	文	wén	Schrift
68	斗	dǒu	Scheffel
69	斤	jīn	Pfund
70	方	fāng	Rechteck
71	无 旡	wú	nicht, ohne

Nr.	Radikal	Aussprache	Bedeutung
72	日	rì	Sonne
73	曰	yuē	sagen
74	月	yuè	Mond
75	木	mù	Holz, Baum
76	欠	qiàn	erschöpft
77	止	zhǐ	stehenbleiben
78	歹 歺	dǎi	schlecht, verdorben
79	殳	shū	Lanze, Speer
80	毋 母	wú	nicht
81	比	bǐ	vergleichen
82	毛	máo	Haar
83	氏	shì	Familie
84	气	qì	Dampf
85	水 氵 氺	shuǐ	Wasser
86	灬 火	huǒ	Feuer

Nr.	Radikal		Aussprache	Bedeutung
87	爫	爪	zhǎo	Kralle
88	父		fù	Vater
89	爻		yáo	knüpfen
90	爿		pán	Holz, Brett
91	片		piàn	Scheibe
92	牙		yá	Zahn
93	牛	牜	niú	Ochse
94	犬	犭	quǎn	Hund

5 Striche

95	玄		xuán	schwarz
96	玉	王	yù	Jade
97	瓜		guā	Kürbis
98	瓦		wǎ	Ziegel
99	甘		gān	süß
100	生		shēng	erzeugen, gebären
101	用		yòng	benutzen
102	田		tián	Feld

Nr.	Radikal	Aussprache	Bedeutung
103	疋	pǐ	Stoffballen
104	疒	jī	Krankheit
105	癶	bō	aufsteigen
106	白	bái	weiß
107	皮	pí	Haut, Fell
108	皿	mǐn	Schüssel, Gefäß
109	目	mù	Auge
110	矛	máo	Lanze
111	矢	shǐ	Pfeil
112	石	shí	Stein, Fels
113	示 礻	shì	verehren
114	肉	rōu	abreisen
115	禾	hé	Getreide
116	穴	xué	Höhle
117	立	lì	aufrecht-stehen

Nr.	Radikal		Aussprache	Bedeutung
6 Striche				
118	竹	𥫗	zhú	Bambus
119	米		mǐ	Reis
120	糸	纟	sī	Seide
121	缶		fǒu	Urne
122	网		wǎng	Netz
123	羊		yáng	Schaf
124	羽		yǔ	Feder
125	老	耂	lǎo	alt
126	而		ér	anheften
127	耒		lěi	Egge
128	耳		ěr	Ohr
129	聿		yù	Pinsel
130	肉	月	ròu	Fleisch
131	臣		chén	Minister
132	自		zì	selbst
133	至		zhì	erreichen

Nr.	Radikal		Aussprache	Bedeutung
134	臼		jiù	Mörser
135	舌		shé	Zunge
136	舛		chuǎn	Opposition
137	舟		zhōu	Barke
138	艮		gěn	entschlossen
139	色		sè	Farbe
140	艸	艹	cǎo	Gras
141	虍		hǔ	Tiger
142	虫		chóng	Insekt
143	血		xiě	Blut
144	行		xíng	reisen
145	衣	衤	yī	Kleidung
146	西		xiā	Deckel

7 Striche

Nr.	Radikal		Aussprache	Bedeutung
147	見	见	jiàn	sehen
148	角		jiǎo	Horn
149	言	讠	yán	sprechen

Nr.	Radikal	Aussprache	Bedeutung
150	谷	gǔ	Tal
151	豆	dòu	Gemüse
152	豕	shǐ	Schwein
153	豸	zhì	Katze
154	貝 贝	bèi	Muschel
155	赤	chì	rot
156	走 走	zǒu	marschieren
157	足 足	zú	Fuß
158	身	shēn	Körper
159	車 车	chē	Wagen
160	辛	xīn	bitter
161	辰	chén	Zeit
162	辶	zhuō	schnell gehen
163	阝	yì	Stadt
164	酉	yǒu	Amphore
165	采	cǎi	auswählen
166	里	lǐ	Dorf

Nr.	Radikal			Aussprache	Bedeutung

8 Striche

167	金	金	釒	jīn	Gold
168	長	长	镸	zhǎng	älter
169	門		门	mén	Tor
170		阝		fù	Hügel
171		隶		lì	ergreifen
172		隹		zhuī	Vogel
173		雨		yǔ	Regen
174	青		𤯔	qīng	grün
175		非		fēi	verkehrt

9 Striche

176		面		miàn	Gesicht
177		革		gé	Tierhaut
178	韋		韦	wéi	Leder
179		韭		jiǔ	Knoblauch
180		音		yīn	Klang
181	頁		页	yè	Kopf
182	風		风	fēng	Wind

Nr.	Radikal		Aussprache	Bedeutung
183	飛	飞	fēi	fliegen
184	食	食 饣	shí	essen
185		首	shǒu	Haupt
186		香	xiāng	Duft

10 Striche

Nr.	Radikal		Aussprache	Bedeutung
187	馬	马	mǎ	Pferd
188		骨	gǔ	Knochen
189		高	gāo	hoch
190		髟	bāo	Haare
191		鬥	dòu	kämpfen
192		鬯	chàng	Ritualalkohol
193		鬲	lì	Topf
194		鬼	guǐ	Geist

11 Striche

Nr.	Radikal		Aussprache	Bedeutung
195	魚	鱼	yú	Fisch
196	鳥	鸟	niǎo	Vogel
197		鹵	lǔ	Steinsalz

Nr.	Radikal		Aussprache	Bedeutung
198	鹿		lù	Hirsch
199	麥	麦	mài	Weizen
200	麻		má	Hanf

12 Striche

201	黃		huáng	gelb
202	黍		shǔ	Hirse
203	黑		hēi	schwarz
204	黹		zhǐ	sticken

13 Striche

205	黽	黾	mǐn	Kröte
206	鼎		dǐng	Dreifuß
207	鼓		gǔ	Trommel
208	鼠		shǔ	Ratte

14 Striche

209	鼻		bí	Nase
210	齊	齐	qí	gleich

Nr.	Radikal		Aussprache	Bedeutung

15 Striche

| 211 | 齒 | 齿 | chǐ | Zähne |

16 Striche

| 212 | 龍 | 龙 | lóng | Drache |
| 213 | | 龟 | guī | Schildkröte |

17 Striche

| 214 | | 龠 | yuè | Flöte |

LITERATURHINWEISE

Kantor, Philippe: **Chinesisch ohne Mühe** (zweibändig). Assimil Verlag Nörvenich 1994.

Lewald, Edith W.: **Chinesische und japanische Schriftzeichen.** Nikol Verlag 2007.

Lindqvist, Cecilia: **Eine Welt aus Zeichen.** Droemer Knaur Verlag 1990.

Kalgren, Bernhard: **Schrift und Sprache der Chinesen.** 2. Auflage, Springer Verlag Pforzheim 1989.